SUSANNE BARTING

SPIELEND SPRECHEN LERNEN

LOGOPÄDIE SPIELE UND ÜBUNGEN – DIE KINDGERECHTE SPRACHFÖRDERUNG FÜR KINDER IN KINDERGARTEN, GRUNDSCHULE UND ZU HAUSE

WAS SIE IN DIESEM BUCH ENTDECKEN

WILLKOMMEN

Liebe Leserinnen, liebe Leser,

herzlichen Dank, dass Sie dieses Buch gekauft haben.

Als freie Autorin habe ich mich bewusst dazu entschieden, dieses Werk ohne einen großen Verlag herauszubringen. Das Thema liegt mir sehr am Herzen und ich wollte vermeiden, dass ein Verlag großen Einfluss auf den Inhalt nimmt.

Die Sprache ist das Verbindungsglied zwischen unserer Außenwelt und dem, was in uns vorgeht. Hinter dem Erwerb der Erstsprache steckt sehr viel Theorie, auch wenn wir oft das Gefühl haben, dass das Erlernen irgendwie fast intuitiv geschieht. Die frühe und gezielte Förderung der Sprachentwicklung kann sich sehr positiv auf Sozialverhalten, Selbstbewusstsein und die gesamte Entwicklung eines Kindes auswirken.

Um die Sprachförderung für Sie so einfach wie möglich zu gestalten, finden Sie in diesem Buch viele Spiele, die Sie einfach ohne kompliziertes Vorgehen und meist mit Alltagsmaterialien und vorhandenem Spielzeug umsetzen können.

Für einen besseren Überblick wurden die Spiele in zehn Kategorien eingeteilt:

1. **Atem- und Stimmübungen**
2. **Wahrnehmungsübungen**
3. **Auditive Merkfähigkeit**
4. **Mundmotorik**
5. **Artikulation**
6. **Wortschatz**
7. **Grammatik**
8. **Kommunikation**
9. **Phonologische Bewusstheit**
10. **Bewegungs- und Sprachfördernde Übungen**

Sollten Sie sich zusätzlich für die Theorie hinter dem Spracherwerb und der Struktur interessieren, werden all Ihre Fragen im zweiten Teil dieses Buches aufgegriffen und erklärt, wie genau unsere Sprache funktioniert. Um die Übungen zu nutzen, benötigen Sie dieses theoretische Wissen jedoch nicht.

ÜBUNGEN UND SPIELE FÜR DIE SPRACHFÖRDERUNG

Unabhängig davon, ob Kinder Anzeichen einer Sprachentwicklungsstörung aufweisen, profitieren sie von sprachlichen Förderspielen und -übungen. Die wichtigste Sprachförderung ist regelmäßige Kommunikation mit Kindern. Kinder benötigen Sprechvorbilder mit förderlichem Kommunikationsverhalten. Stellen Sie Kindern Fragen und erzählen Sie etwas von sich. Alles, was Kinder an Sprache aufnehmen können und jede sprachliche Interaktion fördert ihre sprachliche Entwicklung.

Das folgende Kapitel enthält Übungen, um die sprachliche Entwicklung von Kindern zu fördern. Die Kapitel Phonetik und Phonologie, Wortschatz und Grammatik sind in Hörübungen und produktive Übungen unterteilt. Hörübungen sind wichtige Vorübungen zu den produktiven Übungen. Bevor Kinder Sprache korrekt produzieren, müssen sie auditiv wahrnehmen können, worauf sie beim Sprechen achten müssen.

MATERIAL

Für einige der folgenden Spiele und Übungen werden als Material Bildkarten oder Memory benötigt. Falls Sie solche nicht bereits zu Hause haben, können Sie diese natürlich auch jederzeit selbst zusammen den Kindern basteln. Bedenken Sie, dass Sie natürlich auch Bildkarten als Memory gestalten können und umgekehrt. Sollten Sie Inspiration suchen, werden Sie auch schnell im Internet Bildkarten und Memory zum Ausdrucken finden. Sollten Sie nicht selbst suchen wollen, finden Sie hier einige Vorschläge:

BILDKARTEN

BUNT GEMISCHTE
BILDKARTEN DRUCKFERTIG
ALS PDF

BILDKARTEN FÜR BESTIMMTE
BUCHSTABEN, LAUTE UND
THEMENGEBIETE

UNTERSCHIEDLICHE BILDKARTEN
MIT BEGRIFFEN

AUSMALBILDER -LAUTE ERKENNEN

ATEM- & STIMMÜBUNGEN

Atem und Stimme sind zwei untrennbar miteinander verbundene Begriffe. Eine kräftige, gleichmäßige Stimme verlangt eine entspannte, gezielte Atemführung und ein ausreichend großes Atemvolumen. Zudem ist die Atmung natürlich auch für die Sauerstoffversorgung unseres Körpers verantwortlich.

Atemübungen, die eine gezielte, entspannte Bauchatmung trainieren, haben oft eine beruhigende Übung und lassen sich gut als Entspannungsübungen in den Alltag integrieren. Sie eignen sich für ein gemütliches Ritual vor dem Schlafengehen.

ATEMÜBUNGEN

BAUCHATMUNG TRAINIEREN

Babys atmen fast ausschließlich über die Bauchatmung. Mit der Zeit wechselt die Atmung von der Bauch- zur Brustatmung. Viele verlernen die Bauchatmung dann. Dabei ist sie viel ökonomischer. Sie verbraucht weniger Energie. Zudem kurbelt sie aufgrund des leichten Drucks in der Bauchgegend die Verdauung an, wirkt entspannend und blutdrucksenkend. Trainieren Sie mit Ihrem Kind regelmäßig die Bauchatmung, bis es sie automatisch unternimmt.

BENÖTIGTES MATERIAL

Gegenstand zum Beschweren (z. B. Körnerkissen, beschwertes Kuscheltier, Sandsack)

DURCHFÜHRUNG

Ihr Kind legt sich bequem auf den Rücken. So kann man die Bauchatmung besonders gut spüren und kann als Hilfestellung einen kleinen Gegenstand auf den Bauch legen. Ein bequemer Sitz ist alternativ möglich. Legen Sie den Gegenstand nun auf den Bauch Ihres Kindes. Haben Sie keinen passenden Gegenstand zu Hause, kann Ihr Kind auch seine Hand auf den Bauch legen.

Weisen Sie Ihr Kind an, gegen den Widerstand zu atmen. Machen Sie Ihr Kind insbesondere darauf aufmerksam, wie sich sein Bauch beim Einatmen mit Luft füllt und rund wird und wie im Gegensatz dazu beim Ausatmen die ganze Luft aus dem Bauch gedrückt wird. Der Bauch wird wieder flach.

Die entspannende Wirkung der Übung können Sie mit Entspannungsmusik verstärken. Führen Sie die Übung täglich für etwa fünf Minuten durch. Ständige Wiederholung unterstützt das Abspeichern der Bauchatmung und damit deren automatische Durchführung.

ENTSPANNENDE ATEMÜBUNG

Mit dieser Übung trainiert Ihr Kind eine bewusste Atmung und Atemkontrolle. Die langsame, geführte Atmung entschleunigt, vermeidet eine schnelle, flache Atmung und wirkt entspannend auf den ganzen Körper.

BENÖTIGTES MATERIAL

Keins

DURCHFÜHRUNG

Diese Übung sollten Sie mit Ihrem Kind machen, wenn Sie die Bauchatmung ausreichend trainiert haben und es Ihrem Kind leichtfällt, sie zu praktizieren. Bei dieser Übung weisen Sie Ihr Kind an, bewusst einzuatmen, die Luft anzuhalten und anschließend auszuatmen. Zählen Sie bis drei, währenddessen atmet Ihr Kind durch seine Nase ein. Zählen Sie anschließend noch einmal bis drei. Ihr Kind hält währenddessen die Luft an. Schließlich zählen Sie ein letztes Mal bis drei. Ihr Kind atmet dabei durch den Mund aus.

GERÄUSCHUNTERSTÜTZES NACHMALEN

Bei dieser Übung wird Ihr Kind visuell auf die Kontinuität des Ausatemstromes aufmerksam gemacht. Das Nachziehen der Linien hat eine beruhigende Wirkung und das Malen macht die Übung für Kinder ansprechender.

BENÖTIGTES MATERIAL

Papier und Stifte

DURCHFÜHRUNG

Legen Sie ein leeres DIN-A4-Blatt quer vor sich auf den Tisch. Ziehen Sie verschiedene Linien von einem Blattrand auf die andere Seite. Zeichnen Sie zum Beispiel Wellenlinien, kleine

Schlaufenlinien, große Schlaufenlinien oder gerade Linien. Legen Sie das Blatt nun vor Ihr Kind und geben Sie ihm einen bunten Stift. Geben Sie Ihrem Kind nun die Anweisung, dass es die Linien farbig nachmalen soll. Lassen Sie es vor dem Nachzeichnen jeder Linie einmal einatmen. Lassen Sie Ihr Kind dann die erste Linie nachmalen. Dabei soll es entweder auf „f", „s" oder „sch" ausatmen.

Mit Zick-Zack-Linien können Sie das Zwerchfell Ihres Kindes trainieren. Dazu soll es bei jeder Spitze einen kleinen Luftstoß mithilfe des Zwerchfells geben.

SEGELTOUR

Diese Übung vergrößert das Lungenvolumen und verbessert die Luftstromlenkung. Die Atem- und Gesichtsmuskulatur wird gekräftigt. Ein großes Lungenvolumen und eine starke Atemmuskulatur sorgen dafür, dass leichter eine größere Menge Sauerstoff ins Blut gelangt. Der Körper ist leistungsfähiger. Zudem kommt es auch beim Sprechen auf gezielte, kontrollierte Atmung an. Eine kräftige Gesichtsmuskulatur verhilft zu einer deutlichen Aussprache.

BENÖTIGTES MATERIAL

Gegenstand zum Schwimmen lassen (z. B. Spielzeugboot, Papierboot, Blatt)
Mit Wasser gefülltes Gefäß (z. B. Wanne, Plantschbecken, Badesee)

DURCHFÜHRUNG

Diese Übung kann hervorragend beim Baden, beim Schwimmen im See oder Pool oder in einer kleinen Blechwanne umgesetzt werden. Besonders viel Spaß macht es natürlich, wenn Sie vorher ein kleines Boot selbst basteln und gestalten.

Dazu können Sie drei Korken miteinander verbinden. Stecken Sie diese mit Zahnstochern zusammen und fixieren Sie das Floß, indem Sie es mit einer Schnur umwickeln. Alternativ können Sie auch ein Stück Rinde nehmen. Spießen Sie ein kleines Blatt Papier wie ein Segel auf einen Zahnstocher. Auf das Papier kann Ihr Kind etwas malen oder schreiben.

Stecken Sie den Zahnstocher in die Korken oder die Rinde.

Alternativ geht natürlich auch ein Papier- oder ein Spielzeugboot. Ihr Kind soll nun durch kräftiges Pusten das Boot antreiben.

VARIATIONSMÖGLICHKEIT

Machen Sie ein kleines Wettrennen mit den Pustebooten. Nehmen Sie dafür ein zweites Pusteboot zur Hand und lassen Sie diese parallel schwimmen. Das macht sich am besten in einem abgegrenzten Behälter wie beispielsweise der Badewanne. Starten Sie Ihre Boote an der einen Seite der Badewanne und pusten Sie sie auf die gegenüberliegende Seite.

LUFTBALLON AUFBLASEN

Das Aufblasen eines Luftballons ist ein simples Training zur Erweiterung des Lungenvolumens. Die Übung trainiert das Zwerchfell. Das Zwerchfell ist der wichtigste Einatemmuskel im Körper. Ein kräftiges Zwerchfell ist daher eine wichtige Voraussetzung für eine gesunde Atmung.

BENÖTIGTES MATERIAL

Luftballons

DURCHFÜHRUNG

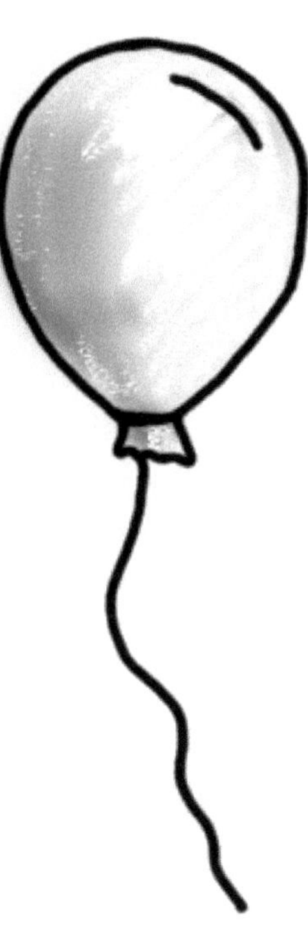

Weisen Sie Ihr Kind dazu an, wie gewohnt einen Luftballon aufzublasen. Variieren Sie dabei zwischen Einheiten, bei denen das Kind so lange und tiefe Atemzüge wie möglich durchführt und solchen, bei denen das Kind den Ballon mit kurzen, ruckartigen Atemzügen aufpustet. Motivieren Sie Ihr Kind dazu, den Ballon so prall wie möglich aufzublasen.

Wiederholen Sie die Übung nach Möglichkeit ruhig mehrere Male.

FEDERTANZ

Die Übung erhöht das Lungenvolumen und verbessert die Luftstromlenkung.

BENÖTIGTES MATERIAL

Feder

DURCHFÜHRUNG

Ihr Kind wirft eine Feder in die Luft, die es allein durch Pusten von unten in der Luft halten soll.

KETTENSÄTZE

Viele Kinder sprechen oft schnell und hektisch, da sie vor Aufregung versuchen, beim Erzählen so viele Informationen wie möglich in kurzer Zeit unterzubringen. Das kann sie schnell außer Atem bringen und die Verständlichkeit ihrer Geschichte leidet darunter. Die Übung trainiert das bewusste Setzen und Einhalten von Atempausen. Kindern wird gezeigt, an welchen Stellen im Redefluss Pausen gesetzt werden können und dass zur Verständlichkeit einer Erzählung ein zügiges, dennoch moderates Sprechtempo erforderlich ist.

BENÖTIGTES MATERIAL

Wenn Ihr Kind über eine kleine Merkspanne verfügt, können Sie Bildkarten zu Hilfe nehmen. Ansonsten benötigen Sie kein Material.

DURCHFÜHRUNG

Überlegen Sie sich vor Beginn des Spiels ein Themenfeld, beispielsweise „Bauernhoftiere" oder „Was ich gern zum Frühstück esse". Beginnen Sie nun den Satz mit: „Ich gehe auf den Bauernhof und dort sehe ich ...". Wählen Sie jetzt ein klassisches Bauernhoftier, mit dem Sie den Satz beenden, zum Beispiel ein Huhn. Nun ist Ihr Kind an der Reihe. Lassen Sie es Ihren Satz vervollständigen. Anschließend soll es ein weiteres Tier hinzufügen, das man auf einem Bauernhof findet. Wiederholen Sie den Satz und führen ihn mit einem weiteren Bauernhoftier fort.

Legen Sie dabei ganz besonderen Wert auf die Atmung Ihres Kindes. Weisen Sie es, insofern das nicht automatisch macht, dazu an, nach jedem genannten Tier einmal Luft zu holen. Übertreiben Sie zu Beginn dabei gern, damit Ihr Kind genug Aufmerksamkeit darauf richtet. Als Gedächtnisstütze können Sie zwischen den genannten Begriffen eine kleine Geste durchführen, die das Kind daran erinnert, zwischendurch Luft zu holen. Sie können dazu eine Zeigebewegung auf Ihre Nase machen, die symbolisiert, dass Ihr Kind nun durch die Nase einatmen und anschließend wieder ausatmen soll.

VARIATIONSMÖGLICHKEITEN

1. Im Fokus dieser Übung steht nicht die Merkfähigkeit, sondern die Atemkontrolle. Fällt es Ihrem Kind schwer, sich an die genannten Begriffe zu erinnern, können Sie das Spiel mit Bildkarten oder Realgegenständen als Erinnerungshilfe durchführen. Ziehen Sie in jeder Runde eine Karte oder Gegenstand, den Sie dann der Reihe nach auf den Tisch legen. Bei dieser Variante können Sie zudem als kleine Erinnerungshilfe zwischen die Bilder oder Gegenstände eine kleine Symbolkarte oder einen kleinen Gegenstand legen, der das Kind an die Atempausen erinnert.

2. Merken Sie, dass Ihr Kind zum Nachdenken längere Pausen einlegen muss, können Sie ebenfalls Bildkarten oder Gegenstände zu Hilfe nehmen.

3. Statt sich abzuwechseln und die Begriffe in der richtigen Reihenfolge einzuprägen, können Sie und Ihr Kind aus einer Reihe von Begriffen den heraussuchen, der nicht dazugehört.

Lassen Sie Ihr Kind für diese Spielvariante Bildkarten ziehen, statt sich die Begriffe selbst zu überlegen. Das führt sonst zu längeren Denkpausen, die den Sprachfluss stören. Ihr Kind soll lernen, einen Text, den es in seinem Kopf bereits ausformuliert hat, mündlich flüssig wiederzugeben. Ähnlich wie in Situationen, in denen es Ihnen eine Geschichte erzählen möchte, die es ebenfalls bereits vorher im Kopf formuliert hat.

Ihr Kind schließt die Augen und Sie legen mehrere Bildkarten einer semantischen Kategorie sowie eine Bildkarte mit einem Begriff einer anderen semantischen Kategorie aufgedeckt vor sich. Beginnen Sie den Satz wieder mit einer Einleitung zur folgenden Kategorie. Haben Sie vor sich Bilder von Begriffen liegen, die man im Supermarkt kaufen kann, beginnen Sie den Satz beispielsweise so: „Ich gehe in den Supermarkt und kaufe ...". Benennen Sie nun die vorliegenden Bilder. Ihr Kind hört sich alle Begriffe an und antwortet im Anschluss, welcher Begriff nicht in die Reihe gepasst hat. Dann tauschen Sie. Ihr Kind ist jetzt an der Reihe, die Begriffe zu benennen und Sie müssen sagen, welcher Begriff nicht gepasst hat. Da der Fokus auf der Atmung liegt, ist es auch hierbei wieder entscheidend, Ihr Kind an die regelmäßige Atmung zu erinnern und es dazu zu animieren.

STIMMÜBUNGEN

Sprechen erfordert natürlich auch eine kräftige Stimme. Die folgenden Übungen eignen sich als regelmäßige Übungen zur Kräftigung und Entspannung des Kehlkopfes. Das sorgt für eine starke, unangestrengte Stimme. Sie sind auch ideal als Aufwärmübungen vor einer intensiven Gesangs- oder Sprecheinheit.

BIENENSUMMEN

Das Bienensummen übt die Stimmbildung. Sie befreit durch sanfte Vibration die Atemwege, erhöht das Lungenvolumen und entspannt.

BENÖTIGTES MATERIAL

Keins

DURCHFÜHRUNG

Sie und Ihr Kind setzen sich in einer gemütlichen Position auf den Boden. Ein aufrechter Schneidersitz ist für diese Übung ideal. Atmen Sie in einem natürlichen Tempo durch die Nase ein. Achten Sie dabei darauf, dass Ihr Kind nach Möglichkeit in den Bauch atmet. Geben Sie Ihrem Kind die Anweisung, beim Ausatmen wie eine Biene zu summen, die von Blüte zu Blüte fliegt, um den süßen Nektar zu sammeln.

Solche Assoziationen machen die Übung für Kinder noch ansprechender.

LIPPENFLATTERN

Lippenflattern hält den Kehlkopf in einer neutralen Position und entspannt die Gesichtsmuskulatur. Das schafft einen größeren Resonanzraum. Außerdem bekommt der Kehlkopf auf diese Art und Weise eine Art kleine Massage. Die wirkt entspannend.

BENÖTIGTES MATERIAL

Keins

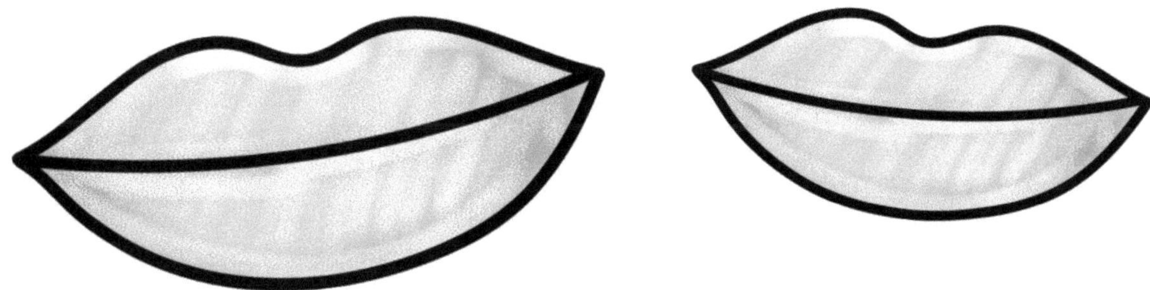

DURCHFÜHRUNG

Ihr Kind lässt zunächst ohne Ton die Lippen flattern. Kinder müssen erst diese Bewegung verinnerlicht haben, bevor Sie die Übung mit Stimmgebung durchführen. Die Lippen werden dazu aufeinandergelegt, als würden Sie versuchen, eine Schnute zu machen.

Sollte Ihrem Kind das Lippenflattern schwerfallen, können Sie es mit verschiedenen Vorstellungshilfen probieren. Geeignet sind beispielsweise diese:

1. Das Pferd: Schnauben Sie mit Ihrem Kind wie ein Pferd. Machen Sie die Situation möglichst bildhaft, indem Sie sich überlegen, wo Sie sich befinden (z. B. im Stall, auf der Weide oder auf einem Ausritt).

2. Das Motorrad: Gestalten Sie auch diese Vorstellungshilfe so spielerisch und bildhaft wie möglich. Sie können auch kleine Spielzeugmotorräder dazu nehmen. Animieren Sie Ihr Kind dazu, ein motorradähnliches „brrm"-Geräusch zu produzieren.

Wenn Ihr Kind das Lippenflattern stimmlos beherrscht, können Sie es stimmhaft probieren. Gleiten Sie dabei verschiedene Töne sirenenartig hoch und runter. Beginnen Sie bei Ihrer normalen Stimme, gehen Sie dann nach oben und lassen Sie Ihre Stimme dann tiefer werden. Gehen Sie nun von Ihrem tiefstmöglichen Ton zum höchsten. Wiederholen Sie diese Sirenen mehrere Male. Nehmen Sie sich Atempausen, wenn Sie und Ihr Kind diese benötigen.

WAHRNEHMUNGSÜBUNGEN

Bevor Ihr Kind Sprache in all ihren Facetten wahrnehmen kann, muss der Hörsinn geschult werden. Dazu eignen sich Spiele, die das wahrnehmen, unterscheiden und orten von Geräuschen und Stimmen üben. Solche Spiele können Sie zur Vorbereitung auf sprachliche Übungen spielen. Das Wahrnehmen und Unterscheiden von Lauten spielen im Spracherwerb eine entscheidende Rolle. Geräuschwahrnehmungsübungen eignen sich daher hervorragend als Vorbereitung auf sprachliche Übungen.

HÖR–FANGEN

BENÖTIGTES MATERIAL

Ein Raum oder eine Fläche, in dem beziehungsweise auf der die Mitspieler sich bewegen können, ohne Gefahr zu laufen, sich zu stoßen und zu verletzen. Am besten lässt es sich in einem kleineren Raum spielen. Andernfalls verläuft es sich stark.

DURCHFÜHRUNG

Das Spiel kann mit unbegrenzt vielen Spielern gespielt werden. Dazu wird zunächst ein Fänger bestimmt. Der Fänger muss seine Mitspieler fangen. Dazu fordert er sie in regelmäßigen Abständen dazu auf, ein Geräusch von sich zu geben. Das können ein Ausruf, ein Instrument oder ein mit dem Körper erzeugtes Geräusch, zum Beispiel klatschen, sein. Er muss die zu fangenden Spieler mithilfe des gehörten Geräuschs orten und fangen. Wenn alle gefangen wurden, wird der nächste Spieler bestimmt.

GERÄUSCHE ERKENNEN

BENÖTIGTES MATERIAL

Ein Tuch zum Verbinden der Augen, Alltagsgegenstände (z. B. Tisch, Glas, Münzgeld, Ball)

DURCHFÜHRUNG

Verbinden Sie Ihrem Kind mit dem Tuch die Augen. Erzeugen Sie nun ein Geräusch. Klopfen Sie beispielsweise auf eine Tischplatte, stampfen oder klatschen Sie kräftig, schlagen Sie vorsichtig ein Glas an, lassen Sie eine Münze herunterfallen, prellen Sie einen Ball. Ihrer Fantasie sind keine Grenzen gesetzt. Lassen Sie Ihr Kind nun raten, was dieses Geräusch verursacht hat. Das Spiel eignet sich auch hervorragend für eine größere Gruppe Kinder. Die Kinder, denen nicht die Augen verbunden wurden, können alle ein anderes Geräusch wählen, dass das Kind mit den verbundenen Augen erkennen soll.

VARIATIONSMÖGLICHKEITEN

1. Dieses Spiel können Sie zudem mit einer Übung zum Richtungshören verbinden. Machen Sie jedes Geräusch von verschiedenen Positionen aus und lassen Sie sich zum Benennen des Geräuschs von Ihrem Kind zeigen, aus welcher Richtung es das Geräusch gehört hat.

2. Machen Sie unterschiedliche Geräusche hintereinander. Das Kind soll nun nicht nur ein Geräusch benennen, sondern alle Geräusche in der richtigen Reihenfolge aufzählen. Das trainiert zusätzlich die Merkfähigkeit.

3. Fällt es Ihrem Kind schwer, das Geräusch zu identifizieren, stellen Sie zwei oder mehr Möglichkeiten zur Wahl, aus denen Ihr Kind das richtige Geräusch auswählen soll.

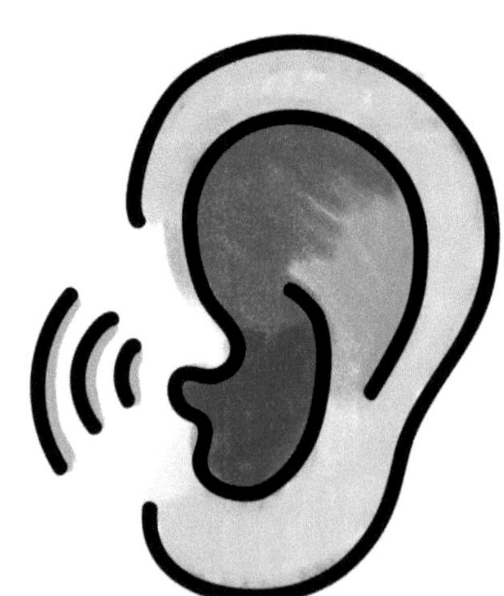

GERÄUSCHMEMORY

BENÖTIGTES MATERIAL

Kleine gleich aussehende Behälter (z. B. Gewürzdosen, Streichholzschachteln, Filmdosen oder Überraschungseier), verschiedene Materialien (z. B. Reis, Sand, Perlen, ungekochte Bohnen, Papierkügelchen), Papier, Stifte, Klebeband.

DURCHFÜHRUNG

Zunächst müssen Sie sich Ihr Hörmemory basteln. Füllen Sie dafür je zwei der kleinen Behälter mit demselben Material. Malen Sie auf kleine Papierschnipsel verschiedene Symbole oder Farben. Versehen Sie zusammengehörige Behälter mit dem gleichen Symbol oder der gleichen Farbe an der Unterseite. Wählen Sie für jedes Pärchen eine andere Farbe oder ein anderes Symbol. Das dient der Kontrolle beim Spielen. Haben Sie alle Behälter mit den Materialien gefüllt und die Paare entsprechend gekennzeichnet, können Sie loslegen.

Stellen Sie die Behälter auf den Tisch, sodass die Kennzeichnung auf der Unterseite nicht zu sehen ist. Lassen Sie Ihr Kind nun zwei Behälter auswählen. Diese schüttelt es. Es soll dem dabei entstehenden Geräusch lauschen. Enthalten Sie das gleiche Material, hat es ein Paar gefunden. Wenn es der Meinung ist, dass sich die Behälter beim Schütteln gleich anhören und sie das gleiche Material enthalten, guckt es auf die Kennzeichnung an der Unterseite. Ist die gleich, handelt es sich bei diesen Behältern um ein Paar. Dann darf es zwei weitere auswählen und schütteln. Passt das Symbol nicht zusammen, hat es kein Paar gefunden und Sie sind an der Reihe.

VOGELSTIMMEN ZUORDNEN

BENÖTIGTES MATERIAL

keins

DURCHFÜHRUNG

Auf einem Spaziergang in der Natur kann Ihr Kind viel entdecken. Verschiedene Vogelstimmen zu erkennen und zuzuordnen ist die perfekte Übung für das Gehör. Nehmen Sie sich bei einem gemeinsamen Spaziergang immer mal wieder ein paar Minuten Zeit. Lassen Sie Ihr Kind die Stimmen imitieren und wenn möglich den Vogel benennen, von dem dieser Laut kommt.

Darüber hinaus lernt Ihr Kind nicht nur, gut hinzuhören, um die Vogelstimmen zu erkennen. Ihr Kind lernt natürlich auch viel über die Vogelwelt. Daraus kann sich ein Interesse für seine Umwelt mit Ihrer artenreichen Flora und Fauna entwickeln.

Benennen Sie die Vögel nicht nur, sondern gucken Sie sich zusammen auch Bilder an und sprechen darüber.

AUDITIVE MERKFÄHIGKEIT

Kinder profitieren gerade im Schulalltag von einer guten Merkfähigkeit. Wichtige Informationen sollen aufgenommen und wenn nötig im Langzeitgedächtnis abgespeichert werden. Kinder mit gut funktionierendem Kurzzeitgedächtnis, also einer guten Merkfähigkeit, können sich besser Silben und Wörter einprägen und sind daher insbesondere im Lesen und Schreiben leistungsfähiger. Die Merkfähigkeit kann bereits im Kindergartenalter trainiert werden. Die Faustregel dazu, wie viel sich ein Kind merken können sollte, ist: Alter des Kindes in Jahren minus eins. Bei Spielen, bei denen das Kind die Aufgabe hat, sich eine bestimmte Anzahl an Einheiten einzuprägen, sollte es sich eine Einheit weniger merken können, als es in Jahren alt ist. Ein sechsjähriges Kind sollte imstande sein, sich fünf Dinge zu merken.

Mit folgenden Spielen und Übungen lässt sich die Merkfähigkeit für Kinder ansprechend trainieren. Die Übungen trainieren natürlich in erster Linie die Merkfähigkeit. Bestimmte Hirnareale passen sich bei häufiger Verwendung an. Die Merkspanne erhöht sich.

Genauso wichtig wie das Erweitern der Merkspanne, ist das Erlernen von Strategien zum Einprägen der Bilder. Eine bewährte Strategie ist das ständige „Vor-sich-her-sprechen". Zusätzlich hilft beim Vorsagen der Merkeinheiten eine übertriebene Sprechmelodie. Das bietet dem Gehirn eine weitere Gedächtnisstütze.

Weiterhin ist das Erfinden von Geschichten gut geeignet, um sich längere Abfolgen einzuprägen. Kinder freuen sich besonders, wenn man diese Geschichten als „Quatschgeschichten" betitelt. Je verrückter und kreativer diese Geschichten werden, desto besser kann man sich nämlich an sie erinnern. Und das erleichtert es, sich die zu merkenden Einheiten ins Gedächtnis zu rufen.

Einige Merkspiele, wie beispielsweise „Memory", schulen das einprägen bestimmter Muster, da man sich merken muss, an welcher Stelle welche Karte liegt. Diese Mustereinprägung übertragen Kinder unbewusst auf weitere Merkaufgaben.

TIPP: Werden die Spiele sprachlich begleitet, regen sie natürlich auch die Sprachproduktion an. Animieren Sie Ihr Kind dazu beispielsweise, bei Übungen mit Bildkarten, die Bilder stets zu benennen.

MEMORY

BENÖTIGTES MATERIAL

Ein Memoryspiel, das bestenfalls den Interessen des Kindes entspricht. Sie können das Spiel auch selbst oder mit Ihrem Kind gemeinsam basteln. Für Kinder ist so ein gemeinsames Bastelprojekt etwas ganz Besonderes und steigert die Lust aufs Spielen. Dazu müssen Sie Bilder, die dem Kind gefallen, in doppelter Ausführung ausdrucken. Sie können dazu Ausmalbilder verwenden und diese auf ein Kartenformat minimieren. Dann können Sie die Karten mit Ihrem Kind gemeinsam ausmalen. Kleben Sie Fotokarton auf die Rückseite der ausgedruckten Bilder. Für besonders robuste Spielkarten, können Sie diese zusätzlich laminieren.

DURCHFÜHRUNG

Verteilen Sie die Karten gut durchmischt auf dem Tisch. Legen Sie diese am besten geordnet neben- und untereinander. Gerade für kleinere Kinder ist es dann leichter, Muster abzuspeichern. Drehen Sie nun abwechselnd jeweils zwei Karten um. Sagen Sie dabei deutlich, was Sie auf den Karten sehen. Ist das Motiv gleich, hat man ein Paar gefunden. Diese beiden Karten darf man behalten. Wer ein Paar gefunden hat, darf erneut zwei Karten aufdecken.

VARIATIONSMÖGLICHKEITEN

Manche Memoryspiele trainieren zusätzlich andere sprachliche Bereiche. Bei einigen Kartensätzen ist es nicht das Ziel, zwei gleich aussehende Karten zu finden. Stattdessen müssen Sie Karten finden, die sich reimen oder mit demselben Laut beginnen. Solche Varianten schulen die phonologische Bewusstheit. Dabei handelt es sich um die Fähigkeit, Wörter in Silben und Laute einteilen zu können, sowie aus einzelnen Silben und Lauten Wörter zusammensetzen zu können. Dies ist gerade im Vorschul- und Schulanfangsalter eine wichtige Fähigkeit.

Weitere Memoryvarianten trainieren semantische Relationen, übersetzt: Bedeutungsbeziehungen. Dazu gehört unter anderem das Zuordnen von Unter- zu Oberbegriffen, z. B. die Banane dem Oberbegriff „Obst" zuzuordnen, oder die Teil-Ganzes-Beziehung, z. B. ein Finger ist Teil einer Hand. Solche Bildpaare helfen, das Verständnis für die entsprechenden semantischen Relationen zu entwickeln. Die Paare zu erkennen und sich einzuprägen sind kognitiv fordernde Aufgaben. Diese Memoryvarianten lassen sich am besten mit Schulkindern spielen.

BILDERABFOLGEN MERKEN

BENÖTIGTES MATERIAL

Bildkarten, z. B. Memorykarten

DURCHFÜHRUNG

Mischen Sie die Karten gut durch. Legen Sie sie zu einem Stapel. Ein Spieler beginnt nun Karten vom Stapel zu ziehen und umzudrehen. Es werden so viele Karten umgedreht, wie das Kind in Jahren alt ist minus eins. Der Spieler guckt sich die Karten an, spricht sie laut vor und prägt sie sich dadurch ein. Wenn der Spieler glaubt, sich die Reihenfolge gemerkt zu haben, dreht er die Karten wieder um. Dabei spricht er die Reihenfolge vor sich her. Er spricht mit einer einprägsamen Sprechmelodie. Wenn alle Karten umgedreht sind, hat der Spieler kurz Zeit, sich die Abfolge noch ein paar Mal vorzusprechen. Dann stellt ihm sein Mitspieler zwei simple Fragen. Zum Beispiel könnte er fragen: „Was hattest du heute zum Mittagessen?", „Wie viel ist 12 minus 8?" oder: „Was ist dein Lieblingstier?"

Nachdem diese zwei Fragen beantwortet wurden, gibt der Spieler die Reihenfolge wieder.

VARIATIONSMÖGLICHKEITEN

Geschichten als Merkstrategie:
In der Schule ist das laute Vorsprechen keine gute Methode. Dafür eignen sich Geschichten mit den jeweiligen Bildern gut. Das ist eine beliebte Memotechnik.

Lassen Sie Ihr Kind dazu die Karten aufdecken und aus den Bildern eine Geschichte erzählen, die ihm dabei hilft, die Bilder in der richtigen Reihenfolge wiederzugeben. Wichtig ist, dass es sich die Geschichte gut vorstellen kann. Außerdem gilt: je kreativer und verrückter desto besser. Denn gerade solche Quatschgeschichten bleiben in Erinnerung und helfen so auch beim Merken der Bilder.

BILDERDIEB

BENÖTIGTES MATERIAL

Bildkarten, z. B. Memorykarten

DURCHFÜHRUNG

Legen Sie Bildkarten (orientieren Sie sich dazu wieder am Alter des Kindes) aufgedeckt vor dem Kind ab. Das Kind hat nun Zeit, sich die Karten einzuprägen. Wenn Ihr Kind sich die Karten gemerkt hat, schließt oder verdeckt es seine Augen. Wählen Sie nun eine der Karten aus, die Sie „klauen". Haben Sie eine der Karten weggenommen, kann das Kind seine Augen wieder öffnen. Jetzt muss es Ihnen sagen, welche Karte fehlt.

TIPP: Kinder schummeln gern. Es ist daher sinnvoll, dass das Kind seine Augen verdecken oder sich umdrehen muss.

STEIGERUNGSMÖGLICHKEIT

1. Ihr Kind muss angeben, wo die Karte lag. Schieben Sie dazu die Karten zusammen, nachdem Sie eine weggenommen haben.

2. Nehmen Sie mehrere Bilder weg.

ICH PACKE MEINEN KOFFER

BENÖTIGTES MATERIAL

Keins

DURCHFÜHRUNG

Sicher kennen Sie das beliebte Kinderspiel. Ein Spieler beginnt eine Runde mit dem Satz: „Ich packe meinen Koffer und nehme mit ...". Es eignet sich für zwei oder mehr Spieler.Der Spieler nennt dann einen Gegenstand, Lebensmittel, Tier, Namen oder auch einen ganz abstrakten Begriff. Zum Beispiel sagt der Spieler: „Ich packe meinen Koffer und nehme mit: eine Zahnbürste."

Abstraktes eignet sich eher für ältere Kinder, da kleine Kinder sich abstrakte Begriffe wie beispielsweise „gute Laune", schlechter vorstellen und damit auch merken können. Nun ist der nächste Spieler dran. Auch dieser beginnt den Satz mit: „Ich packe meinen Koffer und nehme mit ...". Er nennt dann den Begriff, den der erste Spieler bereits gesagt hat und überlegt sich einen weiteren. Er sagt zum Beispiel: „Ich packe meinen Koffer und nehme mit: eine Zahnbürste und mein Kuscheltier." So wird das Spiel fortgesetzt, bis sich ein Spieler nicht merken kann, was in den Koffer gepackt wurde. Dieser Spieler hat verloren und Sie beginnen eine neue Runde.

VARIATIONSMÖGLICHKEITEN

1. Das Einprägen der Begriffe unterstützen Sie durch pantomimische Begleithandlungen. Das Gehirn hat neben dem Wortklang eine zusätzliche Gedächtnisstütze. Beispielsweise können Sie die Zahnbürste gemeinsam mit einer Zahnputzbewegung und das Kuscheltier mit dem Umarmen eines imaginären Kuscheltiers nennen.

2. „Ich packe meinen Koffer" eignet sich auch hervorragend dafür, mit Kindern das Sortieren in semantische Kategorien zu üben. Spielen Sie eine Runde, in der nur Lebensmittel, Kleidungsstücke oder Tiere "in den Koffer gepackt" werden sollen.

HÖRBILDER

BENÖTIGTES MATERIAL

Papier und Stifte

DURCHFÜHRUNG

Diese Übung ist hervorragend geeignet für kleine Künstler. Überlegen Sie sich Begriffe, die Ihr Kind gut zeichnen kann. Geben Sie nun, je nach Alter Ihres Kindes, eine bestimmte Anzahl Begriffe vor. Starten Sie hierbei eher mit weniger Begriffen und arbeiten Sie sich gegebenenfalls hoch. Da das Kind die Begriffe nicht alle direkt im Anschluss nennt, ist diese Übung schwieriger als das mündliche Wiederholen der Begriffe. Das Zeichnen nimmt Zeit und zusätzliche Konzentration in Anspruch.

Die Begriffe muss sich Ihr Kind nun merken und anschließend auf sein Blatt zeichnen.

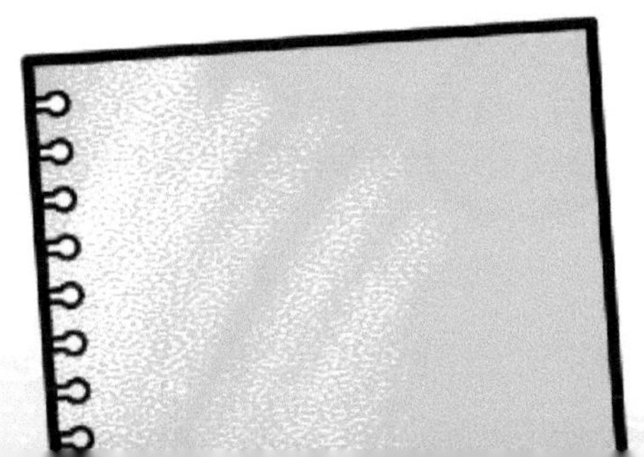

MUNDMOTORIK

MUNDMOTORISCHE ÜBUNGEN

Mundmotorische Übungen fördern die Muskulatur und Beweglichkeit der Artikulationsorgane. Zur Bildung einzelner Laute laufen komplexe Bewegungsmuster ab. Kinder, die nicht über die nötige Spannung oder zu viel Anspannung im Mundbereich verfügen, können bestimmte Laute nicht bilden. Muskeln im Mundbereich können, genau wie Arm-, Bein- oder Bauchmuskeln auch gezielt trainiert werden. Man unterscheidet hierbei zwischen Wangen- und Lippen- sowie Zungenkräftigungsübungen.

ÜBUNGEN, ZUR VERBESSERUNG DER KRAFT UND FLEXIBILITÄT DER WANGEN- UND LIPPENMUSKULATUR SIND FOLGENDE

- Pusteübungen
- Wangen aufblasen
- Längliche Gegenstände auf den gespitzten Lippen balancieren (z. B. einen Strohhalm oder einen Stift)
- Lippen spitzen
- einen Kuss-, Fisch- oder Grinsemund machen
- Ansaug- oder Pusteübungen mit einem Strohhalm

ÜBUNGEN ZUR VERBESSERUNG DER KRAFT UND FLEXIBILITÄT DER ZUNGENMUSKULATUR

- Mit der Zunge schnalzen.
- Zungenränder längs einrollen.
- Mit der Zunge in die Wangen „boxen".
- Gegen einen Widerstand (z. B. einen Spatel) drücken.
- Mit der Zunge die Zähne einzeln antippen.
- Die Außen- und Innenseiten der Zähne mit der Zunge ablecken.
- Die Zunge gerade aus dem Mund strecken und wieder zurückziehen.
- Die Zunge aus dem Mund herausstrecken und dabei abwechselnd breit und schmal machen.

Sie können die oben beschriebenen Übungen gut umsetzen, indem Sie sich Bildkarten kaufen oder basteln, auf denen die Übungen abgebildet sind.

SPIELIDEEN ZUR FÖRDERUNG DER MUNDMOTORIK

WELCHE ÜBUNG FEHLT?

Das wird trainiert: Bei dieser Übung können Sie gezielt aussuchen, ob Sie die Zungen- oder die Mundmuskulatur kräftigen möchten. Ob Sie die Zunge oder den Mund trainieren möchten, hängt von den gewählten Übungen ab.

BENÖTIGTES MATERIAL

Mundmotorikbildkarten (in doppelter Ausführung), Sichtschutz (z. B. ein großes Brettspiel) Mundmotorikkarten können Sie im Internet finden.

MUNDMOTORIK-KARTEN ZUM AUSDRUCKEN

DURCHFÜHRUNG

Das Kind legt mehrere Mundmotorikkarten vor sich ab. Legen Sie nun dieselben Farben in derselben Reihenfolge vor sich ab. Beginnen Sie mit vier Karten und steigern oder verringern Sie die Anzahl je nach Konzentrationsfähigkeit des Kindes. Stellen Sie vor Spielbeginn sicher, dass das Kind alle Karten versteht und weiß, welche Mundmotorikübung es ausführen muss. Eine Karte dreht das Kind nun um. Die restlichen Karten bleiben aufgedeckt liegen. Die Übungen, die auf den Karten, die das Kind nicht umgedreht hat, abgebildet sind, muss Ihnen das Kind nun vormachen. Sie müssen raten, welche Übung das Kind ausgelassen hat. Anschließend tauschen Sie die Rollen.

VARIATIONSMÖGLICHKEITEN

Das Spiel ist auch mit mehreren Kindern spielbar. Dazu müssen die Karten in so vielen Ausführungen vorhanden sein wie Personen mitspielen.

PUSTEFUSSBALL

Das wird trainiert: Pusteübungen mit dem Strohhalm stärken die Mund- und Wangenmuskulatur.

BENÖTIGTES MATERIAL

Eine lange, glatte Unterfläche (z. B. ein länglicher Tisch), ein Fußballtor (z. B. ein kleiner Karton, aus dem Sie eine Seite heraustrennen), ein Strohhalm, ein leichter Ball (z. B. ein Tischtennisball oder ein Wattebausch).

DURCHFÜHRUNG

Stellen Sie das Tor an einer Tischkante auf. Das Kind legt den Ball an der gegenüberliegenden Tischkante ab. Mithilfe des Strohhalms pustet es den Ball nun über die Fläche in das Tor.

VARIATIONSMÖGLICHKEITEN:

Pustefußball kann auch gegeneinander gespielt werden. Dazu benötigen Sie eine kleinere Fläche. Sie können dazu auch ein Fußballfeld auf ein Blatt Papier zeichnen oder drucken und laminieren. Nun stellen Sie auf jede Spielfeldseite ein Tor. Auch hierzu können Sie eine Kartonseite heraustrennen, sodass der Karton nicht mit einer Kartonfläche, sondern auf den Seiten aufsteht. Schneiden Sie ein kleines Loch für die Strohhalme in die Tore. Pusten Sie den Ball nach dem zuvor festgelegten Startsignal in das gegenüberliegende Tor.

SCHNIPSELBILD

Das wird trainiert: Beim Ansaugen mit einem Strohhalm wird die Zungen- und Wangenmuskulatur gekräftigt.

BENÖTIGTES MATERIAL

Großes Ausmalbild ohne viele Details (z. B. ein großer Vogel), bunte Papierschnipsel, Klebestift, ein Strohhalm

DURCHFÜHRUNG

Streichen Sie das Ausmalbild einmal komplett mit Kleber ein. Das Kind saugt nun die Papierschnipsel an und legt sie auf dem Blatt ab. So wird dem Vogel ein buntes Federkleid verliehen.

TINTENKLECKSE PUSTEN

Das wird trainiert: Pusteübungen trainieren die Zungen- und Wangenmuskulatur.

BENÖTIGTES MATERIAL

ein weißes Blatt Papier, eine Unterlage sowie eine Tintenpatrone

DURCHFÜHRUNG:

Legen Sie das Blatt auf eine geeignete Unterlage. Schneiden Sie die Patrone vorsichtig auf. Drücken Sie ein paar Tintentropfen auf das Blatt. Lassen Sie das Kind nun Muster mit der Tinte pusten.

ARTIKULATION

Phonetische und phonologische Störungen beschreiben die Störungen einzelner Laute in der Sprachwahrnehmung und -produktion. Häufig vertauschen Kinder dabei die Laute [k] und [t] oder sprechen den Zischlaut „s" falsch aus. Letzteres ist vor allem unter der Bezeichnung „Lispeln" bekannt.

Voraussetzung zur korrekten Bildung eines Lautes ist, dass Laute zunächst korrekt voneinander unterschieden werden können. Im nächsten Schritt müssen Kinder in der Lage sein, einen konkreten Laut herauszuhören. Erst wenn das Kind den Klang eines bestimmten Lautes verinnerlicht hat, sind produktive Übungen sinnvoll.

HÖRÜBUNGEN

LAUT IDENTIFIZIEREN

Erwachsenen ist der Unterschied zwischen [t] und [k] klar. Viele Kinder jedoch bringen einzelne, ähnlich klingende Laute schnell durcheinander. Lautdifferenzierungsübungen können das Gehör von Kindern schulen. Sie lernen damit zunächst, dass Laute verschieden klingen. Nur so kann das Bewusstsein geschafft werden, dass Laute bestimmte klangliche Eigenschaften besitzen, anhand derer es sie zu erkennen und zu unterscheiden gilt. Die Übungen sind von ihrem Grundprinzip her immer ähnlich aufgebaut.

Im Rahmen dieser Übungen nennen Sie Ihrem Kind verschiedene Laute. Es geht darum, dass Ihr Kind eine bestimmte Handlung ausführen soll, wenn es einen vorher festgelegten Laut, den sogenannten Ziellaut, hört. Nachstehend erhalten Sie einige Anregungen, wie Sie diese Übung spielerisch verpacken können.

Achten Sie dabei darauf, dass Sie nicht den Buchstaben aussprechen, sondern den zugehörigen Laut. Das [m] beispielsweise sprechen Sie nicht „em" aus, sondern lautieren den Buchstaben.

Korrigieren Sie Ihr Kind, wenn nötig, so zeitnah wie möglich. Andernfalls prägen sich Kinder fehlerhafte Reaktionen als richtig ein.

STEIGERUNGSMÖGLICHKEIT

Alle nachstehenden Übungen können Sie auch steigern, sobald Ihr Kind den einzelnen Laut gut erkennt,. Nennen Sie Ihrem Kind dazu den Laut in einer Silbe. Wenn es beispielsweise den Laut [p] heraushören sollte und das sicher schafft, können Sie im nächsten Schritt versuchen, ob es „pa", „pe", „pi", „po" und „pu" von Silben mit einem anderen Anfangslaut unterscheiden kann. Da Kinder das Konzept „Silbe" noch nicht verstehen, können Sie Ihrem Kind auch erklären, dass Sie ihm Quatschwörter sagen.

Kann Ihr Kind den Laut sicher auf Silbenebene erkennen, nennen Sie Ihrem Kind Wörter. Wenn es in diesem Wort den Laut hört, führt es die vereinbarte Handlung aus. Fangen Sie mit kurzen Wörtern an und steigern Sie die Wortlänge.

ACHTUNG: Wählen Sie für die Übungen auf Wortebene Wörter, in denen der Laut nicht in einer Konsonantenverbindung vorkommt. Konsonantenverbindungen nennt man zwei oder mehr Konsonanten, die in einem Wort direkt aufeinanderfolgen. Wählen Sie stattdessen lieber Wörter, in denen auf den Laut ein Vokal folgt. Wollen Sie den Laut [t] üben, ist Tasse also besser Traktor.

FÜTTERSPIEL

BENÖTIGTES MATERIAL

Eine Puppe oder ein Plüschtier, „Futter" für die Puppe oder das Plüschtier (z. B. Spielzeuglebensmittel).

DURCHFÜHRUNG

Legen Sie die zu fütternde Figur und das „Futter" vor Ihr Kind. Wählen Sie nun einen Laut aus, den Ihr Kind in der Übung herauserkennen soll. Erklären Sie Ihrem Kind, das es bei dem bestimmten Laut, die Figur mit dem Futter füttert. Nennen Sie jetzt Ihrem Kind verschiedene Laute. Beim Ziellaut füttert es die Figur.

AUSMALÜBUNG

Diese Übung eignet sich nur für das Heraushören des Ziellautes auf Wortebene.

BENÖTIGTES MATERIAL

Blatt mit Bildern von Wörtern, die den Ziellaut enthalten und einige, die den Ziellaut nicht enthalten. Die Bilder auf dem Blatt sind kleine Ausmalbilder. Teilweise gibt es solche Arbeitsblätter vorgefertigt (siehe Seite 7 unter dem Kapitel Material).. Sie können solch ein Arbeitsblatt jedoch auch selbst zusammenstellen, indem Sie kleine Ausmalbilder von verschiedenen Begriffen auf ein Blatt drucken oder kleben.

DURCHFÜHRUNG

Gehen Sie mit Ihrem Kind die einzelnen Bilder durch. Wichtig hierbei: Benennen Sie das Bild. Diese Übung ist eine reine Hörübung für das Kind und sollte daher auch wirklich in erster Linie überprüfen, ob Ihr Kind in der Lage ist, den Laut herauszuhören.

Nachdem Sie das Bild benannt haben, sagt Ihr Kind, ob es in dem Wort den Ziellaut hört oder nicht. Hört es den Ziellaut, malt es das Bild aus. Hört es ihn nicht, wird das Bild nicht ausgemalt. Zusätzlich kann es durchgestrichen werden.

BEWEGUNGSSPIEL

BENÖTIGTES MATERIAL

keins

DURCHFÜHRUNG

Diese Übung ist gerade für aktive Kinder geeignet, die viel Bewegung brauchen. Zudem braucht man nicht zwingend Material.

Weisen Sie Ihr Kind beispielsweise dazu an, vorwärts zu springen, sobald es den Ziellaut hört.

VARIATIONSMÖGLICHKEITEN

Sie können auch Reifen, Kreide oder andere Materialien einsetzen, um die Übung attraktiver zu gestalten. Legen Sie beispielsweise zwei Reifen vor Ihr Kind. Hört es den Ziellaut, springt es in den einen, hört es den Ziellaut nicht, springt es in den anderen Kreis.

Malen Sie mit Kreide eine Schlange an Kästchen auf den Boden und sagen Sie Ihrem Kind, das es ein Kästchen weiterspringt, sobald es den Ziellaut hört.

Ihrer Fantasie sind bei der Abwandlung dieser Übung keine Grenzen gesetzt.

LAUTPOSITION ERKENNEN

Diese Übung macht Kindern die Position eines bestimmten Lautes innerhalb eines Wortes bewusst. Die Übung verlangt genaues Hinhören. Sie ist zudem eine wichtige Vorbereitung des Schriftspracherwerbs. Beim Schreiben muss ein Kind in der Lage sein, anhand des Klangbildes zu erkennen, an welcher Wortposition sich welcher Buchstabe befindet. Diese Übung schult das konkrete Heraushören einzelner Laute.

BENÖTIGTES MATERIAL

Muggelsteine oder ähnliche, möglichst einheitliche Gegenstände, z. B. Knöpfe

DURCHFÜHRUNG

Überlegen Sie sich ein Wort, das möglichst schon im Wortschatz des Kindes vorhanden ist. Beginnen Sie mit kurzen Worten (vier oder weniger Laute). Steigern Sie die Wortlänge erst, wenn Ihrem Kind die Übungen nahezu fehlerfrei gelingen.

Nehmen wir als Beispiel das Wort „Affe". Legen Sie vor Ihr Kind drei Steine. Erklären Sie Ihrem Kind, während Sie die Steine auf den Tisch legen, dass ein Wort aus mehreren Lauten besteht. Ein Laut befindet sich entweder am Wortanfang (zeigen Sie auf den, vom Kind aus, linken Stein), in der Wortmitte (zeigen Sie auf den mittleren Stein) oder am Wortende (zeigen Sie auf den letzten Stein). Fragen Sie das Kind nun: „Wo hörst du bei „Affe" das f?". Sprechen Sie das Wort noch einmal langsam vor und zeigen Sie die entsprechende Wortposition mit (bei „a" auf den ersten, bei „f" auf den mittleren und bei „e" auf den letzten Stein). Das „f" können Sie dabei als Hilfe zu Beginn länger ziehen. Ihr Kind muss nun auf den Stein tippen, auf den Sie beim Aussprechen des „f" gezeigt haben.

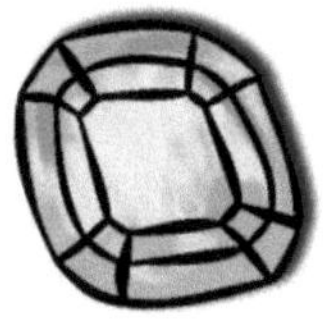

ACHTUNG:

1. Gehen Sie bei der Wahl des Lautes von den Lauten, nicht von den einzelnen Buchstaben aus! „sch", „ng" oder „ei" bestehen beispielsweise aus mehreren Buchstaben, werden hierbei jedoch als ein Laut gezählt. Die Frage: „Wo hörst du das „s" bei Schule?", könnte ein Kind nicht beantworten, da „s" zwar als Buchstabe im Laut „sch" vorkommt, der Laut „s" jedoch gar nicht im Wort auftaucht.

2. Zischlaute (stimmloses und stimmhaftes s, sch, ch1, ch2, f), Vokale (a, e, i, o und u), Liquide (l und r), Nasale (m und n) und der Gleitlaut „w" können gut gedehnt gesprochen werden und sind für die ersten Probeläufe dieser Übung einfacher.

3. Zeigen Sie das Wort immer in Schreibrichtung des Kindes (von links nach rechts) mit! Wenn Sie Ihrem Kind gegenübersitzen, müssen Sie seitenverkehrt denken. Beginnen Sie dann auf Ihrer rechten Seite und gehen mit dem Finger nach links.

4. Beachten Sie die Vokallänge! Soll Ihr Kind ein „e" heraushören, ist das Wort „Affe" vermutlich nicht geeignet. Das „e" in der zweiten Silbe ist unbetont und wird kurz gesprochen. Achten Sie beim Heraushören eines Vokals darauf, dass er im ausgewählten Wort auch lang gesprochen wird.

PRODUKTIVE ÜBUNGEN

Ist Ihr Kind in der Lage, den Ziellaut von anderen Lauten zu differenzieren und ihn aus einem Wort herauszuhören, kann es selbst aktiv werden. Produktive Übungen im sprachtherapeutischen Verständnis sind Übungen, bei denen das Kind die Zielform selbst produziert und nicht nur auf die Äußerungen des Mitspielers adäquat reagieren soll, z. B. in dem es beim Hören des Ziellautes zu einer bestimmten Stelle im Raum läuft. Bei einigen Lauten, gerade bei den Zischlauten „sch", „ch" und „s" ist die Kombination phonetisch-phonologischer mit mundmotorischen Übungen unerlässlich. Bei Zischlauten sind falsche Bewegungsabfolgen und eine schwache Gesichtsmuskulatur häufiger das Problem als die Verwechslung mit einem ähnlich klingenden Laut.

NASALE

Nasale zeichnen sich, wie der Name bereits sagt, dadurch aus, dass sie im Nasenraum gebildet und dort klingen. Dazu muss der weiche Gaumen gesenkt werden und die Luft entweicht über die Nasenhöhle. Diese Abläufe können nicht direkt geübt werden. Sie geschehen unterbewusst. Nasale haben einen eher weichen, langsamen Charakter. Das sollte sich in den Übungen widerspiegeln.

Zum Beispiel können Sie Ihr Kind dazu auffordern, das Schieben oder Ziehen eines Gegenstandes mit dem Sprechen eines Vokales lautlich zu untermalen.

KUSCHELTIER FÜTTERN

Das wird geübt: **[m]**

BENÖTIGTES MATERIAL

Ein Kuscheltier oder eine Puppe, Spielzeuglebensmittel oder andere Gegenstände, die als Futter verwendet werden können.

DURCHFÜHRUNG

Geben Sie gemeinsam mit Ihrem Kind dem Plüschtier etwas zu essen. Sobald das Plüschtier „frisst", sagt Ihr Kind ein lang gezogenes „m", als würde es dem Kuscheltier sehr schmecken. Motivieren Sie Ihr Kind bewusst zu einem langen „m". So lernt es, die Spannung über eine längere Dauer zu halten.

AUTORENNEN

Das wird geübt: **[n]**

BENÖTIGTES MATERIAL

Spielzeugfahrzeuge

DURCHFÜHRUNG

Spielen Sie mit Ihrem Kind mit Spielzeugautos oder anderen Spielzeugfahrzeugen, die üblicherweise motorbetrieben sind. Beim Fahren mit den Spielzeugautos imitieren Sie Motorengeräusche. Sagen Sie „n" oder probieren Sie es mit „nen". Animieren Sie Ihr Kind dazu, es Ihnen nachzumachen.

PLOSIVLAUTE

Plosivlaute entstehen durch eine Luftanstauung im Mundbereich, die beim Lösen einen explosiven Klang erzeugt. Dieser plötzliche, plosive Klang sollte sich in den Übungen ebenfalls wiederfinden. Dazu gehören die stimmlosen Plosive (p, t, k) und die stimmhaften Plosive (b, d, g). Die stimmhaften Plosive klingen durch die zusätzliche Stimmgabe weicher.

LUFTPOLSTERFOLIE

Das wird geübt: **alle Plosivlaute**

BENÖTIGTES MATERIAL

Luftpolsterfolie

DURCHFÜHRUNG

Nehmen Sie sich die Luftpolsterfolie und untermalen Sie das Zerplatzen der einzelnen Noppen mit einem Plosiv Ihrer Wahl. Die Übung funktioniert mit allen Plosivlauten. Sie können also selbst festlegen, ob Sie einen bestimmten Laut trainieren möchten oder mehrere. Animieren Sie Ihr Kind, Ihnen die Übung nachzumachen.

FISCHBLUBBERN

Das wird geübt: **[b]**

BENÖTIGTES MATERIAL

Keins

DURCHFÜHRUNG

Legen Sie sich in Bauchlage auf den Boden. Ihr Kind legt sich neben Sie oder es liegt Ihnen gegenüber. Sie sind nun Fische. Machen Sie Schwimmbewegungen und unterhalten Sie sich in „Fischsprache". Machen Sie beide abwechselnd „blubb". Achten Sie auf eine unverkrampfte, lockere Haltung Ihres Kindes.

WORTSCHATZ

Die wichtigste Voraussetzung zum Lernen einer Sprache, egal ob Erst- oder Zweitsprache, ist der Input. Kinder benötigen ein grundlegendes Vokabular der zu erlernenden Sprache. Über dieses Vokabular erschließen sie sich weitere Wortbedeutungen. Dazu ist es am allerwichtigsten, dass Sie von Beginn an viel mit Ihrem Kind sprechen, unabhängig davon, ob es in der Lage ist zu antworten und wie viel es vermeintlich versteht. Auch Vorlesen eignet sich zum Füllen des sogenannten rezeptiven Lexikons. Das rezeptive Lexikon umfasst alle Begriffe, die ein Kind zwar versteht, jedoch nicht aktiv verwendet. Im Gegensatz dazu steht das expressive Lexikon, der Wortschatz, den das Kind auch produziert. Im Regelfall beinhaltet das rezeptive Lexikon alle Wörter, die das expressive Lexikon beinhaltet, jedoch nicht umgekehrt.

Alternativ zum Erzählen und Vorlesen sollten Sie Ihr Kind jedoch nicht vor den Fernseher setzen. Filme und Serien sind als Input weniger geeignet. Im Rahmen einer menschlichen Interaktion erlernen Kinder eine Sprache besser, auch wenn Sie zunächst nur zuhören. Gerade Kleinkinder unter zwei Jahren schnappen beim Fernsehen wenig Wortschatz auf. Erst ab etwa drei Jahren können Kinder mithilfe einer altersgerechten Sendung den Wortschatz erweitern. Dennoch sollte der Fernseher nicht als primärer Input dienen. Er sollte maximal begleitend zum direkten menschlichen Kontakt eingesetzt werden.

Probleme der Wortschatzentwicklung zeigen sich häufig dadurch, dass Kinder stellvertretend unspezifische Begriffe benutzen, z. B. „Ding" oder „machen" für spezifischere Subjekte oder Verben. Außerdem zeigen Sie oft Probleme beim Verstehen der Wortbedeutung und dabei, Wörter in Beziehung zu bringen, z. B. Banane und Apfel dem Oberbegriff Obst zuzuordnen oder Gegensätze zu erkennen.

Zur Förderung des Lexikonerwerbs sollten Sie daher stets Wert darauflegen, Wörter nicht nur zu erwähnen, sondern am besten in vollen Sätzen zu sprechen. Das gibt Kindern die Möglichkeit, grammatikalische und semantische Eigenschaften abzuleiten. So lernt es beispielsweise, dass die Katze ein Substantiv, grammatikalisch feminin und ein Tier mit vier Beinen und Fell ist. Dieses Wissen wird direkt miteinander verknüpft und lässt sich so besser merken.

FEHLERGESCHICHTE

BENÖTIGTES MATERIAL

Gegebenenfalls Bildkarten

DURCHFÜHRUNG

Erzählen Sie Ihrem Kind eine Geschichte oder lesen Sie Ihrem Kind eine Geschichte vor. Allein das Erzählen und Vorlesen ist bereits eine gute Methode zur Wortschatzerweiterung. Kennt Ihr Kind die Geschichte bereits, benötigen Sie für diese Übung keine Bildkarten.

Erzählen Sie die Geschichte und bauen Sie kleine Fehler ein. Ersetzen Sie für die Geschichte bedeutende Substantive durch ein anderes Substantiv oder ein Fantasiewort. Beispielsweise beißt Schneewittchen in Ihrer Geschichte nicht in einen vergifteten Apfel, sondern in eine vergiftete Karotte.

Kennt Ihr Kind die Fehlergeschichte nicht, ist es hilfreich, für die Geschichte bedeutende Charaktere oder Gegenstände auf Bildkarten abzubilden. Ihr Kind kann die Geschichte verfolgen und es fällt ihm auf, wenn Sie ein Wort austauschen.

SORTIEREN NACH SEMANTISCHEN MERKMALEN

Mithilfe von Sortieraufgaben nach semantischen Merkmalen lernt Ihr Kind nicht nur Wörter kennen. Es lernt außerdem, zusätzlich zu den gegebenenfalls neu gelernten Wörtern, durch welche Eigenschaften sich die Begriffe auszeichnen.

BENÖTIGTES MATERIAL

Bildkarten einer semantischen Kategorie oder Gegenstände, die einer Kategorie angehören

DURCHFÜHRUNG

Als Beispiel wird hier die semantische Kategorie Kleidung genommen.

Suchen Sie sich 10 bis 20 Gegenstände der Kategorie Kleidung heraus. Legen Sie die entsprechenden Bildkarten oder die Kleidung vor Ihrem Kind ab. Führen Sie dieses Spiel mit richtiger Kleidung durch, können Sie Körbe oder Kisten hinzunehmen, in die Ihr Kind die Gegenstände einordnen kann. Nennen Sie Ihrem Kind nun semantische Eigenschaften, nach denen es die Kleidung sortieren soll. Beispiele für die semantische Kategorie Kleidung sind:

„Trägt man im Sommer/im Winter/das ganze Jahr über ...“
„Trägt man am Oberkörper/Unterkörper/auf dem Kopf/um den Hals/...“
„Hat Knöpfe/keine Knöpfe ...“

Lassen Sie Ihr Kind die Gegenstände entsprechend einsortieren und helfen Sie ihm, wenn es nötig ist. Besprechen Sie die Eigenschaften, damit Ihr Kind das Gelernte besser versteht und sich merkt.

STEIGERUNG

Wenn Ihr Kind bereits fit in der Kategorie ist, können Sie den Schwierigkeitsgrad erhöhen, indem Sie semantische Ablenker hinzunehmen. Dabei handelt es sich um Begriffe, die mit der Kategorie entfernt etwas zu tun haben, ihr jedoch nicht angehören. Bei der Kategorie Kleidung können Sie als Ablenker beispielsweise Möbelstücke zum Aufbewahren von Kleidung, Körperteile und kosmetische Produkte verwenden. Das Verhältnis zwischen Ablenkern und den Zielbegriffen sollte etwa bei 1:4 liegen. Auf einen Ablenker kommen vier Zielbegriffe. Weisen Sie Ihr Kind nun dazu an, Ihnen alle Begriffe der Kategorie Kleidung zu geben. Ziel ist es, die Ablenker auszusortieren. So kann erkannt werden, ob Ihr Kind eine Kategorie korrekt abgrenzen kann.

WORTSCHATZ-RALLYE

BENÖTIGTE MATERIALIEN

Liste mit verschiedenen Begriffen, die man an einem zuvor ausgewählten Ort finden kann, z. B. Dinge, die man bei Ihnen zu Hause/im Wald/bei einem Spaziergang durch die Stadt/... findet.

DURCHFÜHRUNG

Überlegen Sie sich, welche Gegenstände oder Lebewesen Ihnen an dem von Ihnen gewählten Ort begegnen können. Bereiten Sie eine Wortsammlung vor. Schreiben Sie mehrere Begriffe auf oder kleben Sie entsprechende Bilder auf einen Zettel, wenn Ihr Kind noch nicht lesen kann. Wenn Sie in den Wald gehen können Sie dort beispielsweise ein Eichhörnchen sehen oder Nadelbäume. Lassen Sie Ihr Kind bei Ihrem Ausflug abhaken, was es alles entdeckt hat. Sprechen Sie über die Eigenschaften der Begriffe auf Ihrer Wortliste wie beispielsweise Größe, Farbe, Vorkommen und Ähnliches.

STEIGERUNG

Bereiten Sie eine Wortsammlung vor. Überlegen Sie sich verschiedene Oberbegriffe. So muss

Ihr Kind nicht nur die Begriffe suchen, sondern auch Beziehungen zwischen Begriffen herstellen. Sie können beispielsweise den Oberbegriff „Fortbewegungsmittel" aufschreiben beziehungsweise ein passendes Bild aufkleben. Ihr Kind muss nun nicht nur nach einem bestimmten Fortbewegungsmittel suchen, sondern dazu passende Begriffe, wie Fahrräder, Straßenbahnen, Skateboards oder Autos.

SYNONYM-ANTONYM-SPIEL

BENÖTIGTES MATERIAL

Verschiedene Begriffe, zu denen Ihr Kind Synonyme und Antonyme finden kann. Wählen Sie die Begriffe jedoch nicht zu leicht, sodass Ihr Kind genügend gefordert wird.

DURCHFÜHRUNG

Erklären Sie Ihrem Kind die Begriffe Synonym (zwei Wörter, die dasselbe beschreiben) und Antonym (zwei gegensätzliche Begriffe). Nennen Sie Ihrem Kind einen Begriff. Fordern Sie Ihr Kind nun dazu auf, zu diesem Begriff ein Synonym und ein Antonym zu nennen. Zum Beispiel können Sie Ihrem Kind das Wort „hell" sagen. Ein Synonym könnte „leuchtend" sein, ein Antonym „dunkel". Da das Spiel ohne Bildmaterial funktioniert, eignet es sich perfekt für lange Autofahrten. Sie können das Spiel auch mit mehr als zwei Spielern spielen. Gehen Sie dazu beim Ansagen der Begriffe reihum.

WORT-BINGO

BENÖTIGTES MATERIAL

Eine Bingokarte mit Begriffen, die Ihr Kind lernen soll. Drucken oder kleben Sie dazu entweder Bilder in ein Bingofeld oder schreiben Sie die Begriffe ins Feld. Sie können die Bingokarten auch laminieren. Wenn Sie die Bingokästchen mit wegwischbaren Stiften streichen, können Sie diese wiederverwenden.

Kopieren Sie das Bingofeld und schneiden Sie es in kleine Kärtchen.

DURCHFÜHRUNG

Legen Sie die klein geschnittenen Bingokärtchen in eine Box. Ziehen Sie nun eines der Kärtchen. Beschreiben Sie Ihrem Kind den abgebildeten Begriff. Geben Sie eine Definition, sagen Sie den Oberbegriff, ein Synonym oder Antonym oder nennen Sie beispielhaft Dinge, deren Oberbegriff der abgebildete Begriff ist. Wie Sie den Begriff beschreiben, ist ganz Ihnen überlassen. Ihr Kind muss den Begriff erraten und durchstreichen. Wenn es eine Reihe horizontal, vertikal oder diagonal komplett durchgestrichen hat, ruft es laut: „Bingo!" Dann hat es gewonnen.

VARIANTE

Dieses Spiel eignet sich gut für mehrere Spieler. Dazu müssen Sie nur das Bingofeld mehrmals mit unterschiedlicher Anordnung drucken. Das Bingofeld nur zu kopieren ist ungeeignet, da so alle Kinder gleichzeitig ein Bingo haben.

SEMANTIK-MEMORY

BENÖTIGTES MATERIAL

Bildkarten, die zu einer Kategorie gehören können, aber nicht müssen

Die Pärchen zeigen nicht dasselbe Bild, sondern zwei Begriffe, die in semantischer Beziehung zueinander stehen. Folgende semantische Beziehungen sind dabei beispielsweise möglich:

- Ober-/Unterbegriff (z. B. Gemüse – Tomate)
- Teil-Ganzes-Beziehung (z. B. Dach – Haus)

- Assoziative Beziehungen, zwei Begriffe, die nicht in direkter Beziehung stehen, aber die gedanklich oft miteinander verknüpft werden (z. B. Weihnachtsmann – Geschenke)
- Beruf – Werkzeug (z. B. Lehrer – Tafel)
- Gegenstand – Tätigkeit (z. B. Stift – zeichnen), diese Variante eignet sich besonders für Kinder, die schon lesen können, da sich Verben nur erschwert darstellen lassen.
- Gegenstand – Farbe (z. B. Schwein – rosa)
- Tier – Futter (z. B. Hund – Knochen)

Natürlich können Sie Ihrer Kreativität hierbei freien Lauf lassen und die Karten nach verschiedenen anderen semantischen Beziehungen zusammenstellen. Diese Liste ist nicht abschließend und dient nur als Anregung.

DURCHFÜHRUNG

Das Spiel wird nach den üblichen Memory-Regeln gespielt. Mit dem Unterschied, dass hierbei nicht zwei gleich aussehende Karten ein Paar bilden, sondern zwei Begriffe, die in einer von Ihnen gewählten semantischen Beziehung stehen. Decken Sie abwechselnd zwei Karten auf. Wenn beide Karten zusammenpassen, haben Sie ein Paar gefunden. Lassen Sie Ihr Kind dazu ruhig bei jedem Paar erklären, wie beide Begriffe im Zusammenhang stehen. Erzählen Sie selbst auch zu den von Ihnen aufgedeckten Karten. So kann Ihr Kind diese besser verinnerlichen.

SEMANTISCHE WORTKETTE

BENÖTIGTES MATERIAL

Keins

DURCHFÜHRUNG

Auch dieses Spiel lässt sich hervorragend unterwegs, auf Autofahrten oder beim Spazierengehen spielen, da Sie abgesehen von Ihrer Kreativität keine Materialien benötigen. Dieses Spiel ist für mehrere Personen geeignet. Ein Spieler beginnt und nennt einen Begriff. Beispielsweise kann mit dem Wort „Fahrrad" begonnen werden. Der nächste Spieler nennt ein dazu passendes Wort, zum Beispiel „Helm". Der nächste Spieler nennt nun ein passendes Wort zu Helm, das nicht mehr zu „Fahrrad" passen muss, beispielsweise „Bauarbeiter". Die Begriffe können auch Verben und Adjektive sein. Auch solche Assoziationen helfen Kindern, ihren Wortschatz zu kategorisieren und damit zu organisieren. So wird das Spiel fortgesetzt, bis einem Spieler nichts mehr einfällt. Lassen Sie sich von Ihrem Kind die Zusammenhänge erklären, wenn Sie sein genanntes Wort nicht sofort verstehen und ermutigen Sie Ihr Kind dazu nachfragen, wenn ihm selbst Zusammenhänge unklar sind.

VARIANTE

Spielen Sie das Spiel mit zusammengesetzten Wörtern. Starten Sie beispielsweise mit dem Wort „Katzenauge". Der nächste Spieler sagt dann „Augapfel", der nächste Spieler „Apfelkuchen". Diese Spielabwandlung zeigt Ihrem Kind, das Wörter in unterschiedlichen Kontexten Ihre Bedeutung ändern können. Es erweitert zudem den Wortschatz. Auch bei dieser Variante müssen Sie sich nicht auf eine Wortart beschränken, sondern können Verben, Substantive und Adjektive mischen.

PANTOMIME

BENÖTIGTES MATERIAL

Bildkarten, die Begriffe abbilden, die leicht dargestellt werden können.

DURCHFÜHRUNG

Legen Sie die Bildkarten verdeckt auf einen Stapel. Ziehen Sie nun abwechselnd eine Karte und erklären Sie sich gegenseitig pantomimisch den Begriff. Das Kind muss, sowohl beim Erklären als auch beim Erraten, überlegen, welche darstellbaren Handlungen oder Eigenschaften zu dem abgebildeten Begriff passen beziehungsweise welcher Begriff zu den von Ihnen dargestellten Bewegungen passt.

VARIANTE

Dieses Spiel kann auch mit mehreren Personen in Teams gespielt werden. Dabei erklärt ein Mitspieler seiner Gruppe einen Begriff pantomimisch. Das andere Team darf nicht parallel mitraten. Das Team, das die meisten Begriffe errät, gewinnt.

LERNEN IN ALLTAGSSITUATIONEN

Lernen im Alltag ist effizient und lebensnah. Sie müssen keine zusätzliche Zeit dafür einplanen und das erworbene Wissen kann direkt auf Alltagsumstände angewandt werden. Das vertieft den Wissenszuwachs direkt. Folgende Situationen sind Anregungen für Situationen, in denen Ihr Kind seinen Wortschatz und sein semantisches Wissen aufbauen kann. Die folgenden Situationen sind nur anregend und nicht abschließend. Natürlich bieten sich jeden Tag viele weitere Situationen, die sich dazu eignen, Ihrem Kind lexikalisches und semantisches Wissen näherzubringen.

TISCH DECKEN

Wir essen mehrmals am Tag. Gemeinsame Mahlzeiten und das gemeinsame Tischdecken sind der ideale Anlass, den Wortschatz Ihres Kindes zu erweitern, zu festigen und bereits bekannte Begriffe mit neuen Eigenschaften zu verknüpfen.

Decken Sie mit Ihrem Kind den Tisch und besprechen Sie dabei die anstehende Mahlzeit. Stellen Sie Fragen an Ihr Kind! Fragen Sie beispielsweise, was es essen möchte. Möchte es lieber etwas Süßes oder etwas Herzhaftes? Etwas Warmes oder etwas Kaltes? Möchte es Obst oder Gemüse als Beilage? Muss man die Gurke schneiden, bevor man sie isst? Welches Besteck benötigt es dafür? So lernt Ihr Kind auf natürliche Weise das semantische Feld „Lebensmittel" und damit zusammenhängende Begriffe wie Besteck und Geschirr kennen. Auch beim Essen können Sie weiterhin über das Essen reden. Fordern Sie Ihr Kind auf, Ihnen einen bestimmten Aufstrich zu geben, fragen Sie, wie es Ihrem Kind schmeckt und wenn ja, warum oder warum nicht. Persönliche Vorlieben und Abneigungen können es einem Kind erleichtern, Begriffe abzuspeichern. Wichtig ist es vor allem, darüber zu sprechen.

EINKAUFEN GEHEN

Nehmen Sie Ihr Kind zum Einkauf mit. Sagen Sie, was Sie brauchen oder lassen Sie es den Einkaufszettel lesen, wenn es bereits lesen kann. Lassen Sie Ihr Kind die benötigten Produkte heraussuchen oder suchen Sie sie gemeinsam heraus. Die Sortierung der Produkte im Supermarkt oder in der Drogerie gibt ebenfalls Aufschluss über die Kategorie der Produkte. Beispielsweise liegt das Obst beieinander, Milchprodukte und Teigwaren stehen jeweils in einem Regal. Kommunikation beim Einkauf ist ebenfalls wichtig. Erzählen Sie Ihrem Kind, was Sie kaufen, reden Sie über Unterschiede und Gemeinsamkeiten einzelner Produkte. Fragen Sie Ihr Kind, ob es ein bestimmtes Lebensmittel möchte. Beim Einkaufen kann Ihr Kind viele Begriffe kennenlernen und ganz nebenbei lernt es auch, worauf man beim Einkaufen achtet. Das fördert die Selbstständigkeit.

BESUCH IM WILDPARK

Besuchen Sie mit Ihrem Kind einen Wildpark in Ihrer Nähe. Das ist nicht nur ein schöner Ausflug mit Ihrem Kind, sondern bietet auch die Möglichkeit, den Wortschatz und das semantische Wissen Ihres Kindes zu erweitern. Reden Sie über die Tiere, die Sie sehen. Bestimmt leben dort Tiere, die Ihr Kind noch nicht kennt. Das Tier aus der Nähe zu sehen bleibt Ihrem Kind bestimmt besser in Erinnerung als das Anschauen eines Bildes. Unterhalten Sie sich auch über die semantischen Eigenschaften der Tiere. Wie viele Beine hat das Tier? Hat es einen Schnabel? Lebt es im Wasser oder an Land? All diese Informationen erleichtern es Ihrem Kind, Tiere in Kategorien einzuordnen und ein differenziertes semantisches System aufzubauen.

GRAMMATIK

Der Erwerb von Grammatikregeln ist sehr komplex. Er ist im Regelfall erst weit nach Schuleintritt abgeschlossen. Die wichtigste Voraussetzung der Grammatikerwerbs ist, wie auch beim Wortschatzerwerb, ausreichend Input. Unterstützende Übungen und Spiele, bei denen Ihr Kind selbst verschiedene grammatikalische Strukturen produzieren muss, können zusätzlich positive Effekte auf die Entwicklung der Grammatikfähigkeiten Ihres Kindes haben.

Lesen und Vorlesen von Geschichten sowie alltägliche Kommunikation gehören zu den besten Möglichkeiten, Kindern Grammatikkenntnisse zu vermitteln.

Fehler können natürlich korrigiert werden, aber nur mit Feingefühl, um Ihrem Kind keine Sprechangst, aus Angst vor Fehlern zu vermitteln. Eine gute Möglichkeit, grammatische Fehler zu korrigieren, ist durch Modellierung. Dabei wiederholen Sie die falsche Aussage des Kindes und korrigieren sie bei der Wiederholung. So hat Ihr Kind noch einmal den korrekten Input, wird aber nicht direkt auf seine Fehler gestoßen. Am besten eignen sich Spiele in ruhiger Umgebung mit zwei Spielern für die Modellierungstechnik, da Ihr Kind sich dazu stark darauf konzentrieren muss, was Sie sagen.

Um die Grammatikkenntnisse Ihres Kindes zu vertiefen, eignen sich auch die Kommunikationsspiele. Ihr Kind muss dabei grammatische Regeln in einem alltagsnahen Kontext anwenden. Das ist die beste Vorbereitung auf Alltagssituationen.

DER, DIE, DAS

BENÖTIGTES MATERIAL

Bildkarten oder verschiedene Gegenstände, Symbole für die drei Artikel (in der Logopädie ist es üblich, für „der" ein blaues Dreieck, für „das" ein grünes Viereck und für „die" einen roten Kreis zu verwenden)

DURCHFÜHRUNG

Legen Sie vor Ihrem Kind die drei Symbole ab. Ihr Kind muss nun die vorliegenden Bilder beziehungsweise Gegenstände dem richtigen Symbol zuordnen. Wenn möglich, können Sie das entsprechende Symbol zur Selbstkontrolle auf die Rück- beziehungsweise Unterseite malen oder kleben.

TIPP: Die Zuweisung des richtigen Genus lässt sich gut mit Spielen zum Wortschatz kombinieren. So wird der passende Artikel direkt zum Wort gespeichert.

WEM GEHÖRT WAS?

BENÖTIGTES MATERIAL

Malen, kleben oder drucken Sie verschiedene Personen oder Tiere und zu jedem Lebewesen einen passenden Gegenstand auf ein Blatt.

DURCHFÜHRUNG

Legen Sie Ihrem Kind das Arbeitsblatt vor. Es muss nun mit einem Stift die zusammengehörigen Bilder als Paare kennzeichnen. Dazu kann es die Bilder verbinden oder mit der gleichen Farbe markieren.

Das trainiert zusätzlich die Strukturierung des Wortschatzes. Ihr Kind soll vor dem Kennzeichnen der Paare beide Begriffe in einem vollständigen Satz nennen. Zum Beispiel sagt es dann: „Dem Pferd gehört das Hufeisen." Entscheidend ist dabei die korrekte Bildung des Dativs. Beim Beispielsatz ist die korrekte Bildung des Dativs an der Verwendung des Artikels „dem" zu erkennen.

VARIANTEN

1. Um die Bildung des Akkusativs statt des Dativs zu trainieren, können Sie statt des Verbs „gehören" „brauchen" verwenden. Das Verb „brauchen" verlangt immer den Akkusativ. Ein Beispiel für einen Akkusativsatz könnte: „Die Katze braucht den Futternapf." sein. Hier ist der Akkusativ eindeutig am Artikel „den" zu erkennen.

2. Sie können die semantische Zuordnungsaufgabe umgehen, indem Sie zwei Bilder miteinander verbinden. Ihr Kind muss die Linien nachziehen und nach dem Verbinden beider Bilder den richtigen Satz zu bilden.

SATZ-PUZZLE

BENÖTIGTES MATERIAL

Bildkarten, die verschiedene Lebewesen oder Gegenstände abbilden

DURCHFÜHRUNG

Legen Sie die Bildkarten zu einem Stapel zusammen. Lassen Sie Ihr Kind nun zwei Karten vom Stapel ziehen. Aus den vorliegenden Karten muss es nun einen kurzen Satz bilden.

VARIANTE

Legen Sie Ihrem Kind selbst einen Satz zurecht. Bei dieser Abwandlung können Sie auch speziellere Wortarten verwenden (z. B. Adjektive oder Präpositionen). Wählen Sie nun zwei oder mehr Bilder aus, die Sie Ihrem Kind vorlegen. Aus diesen Bildern muss es einen Satz bilden. Bei dieser Abwandlung können Sie alternativ zu den Bildkarten auch die Bilder aufmalen.

GESCHICHTE FORTSETZEN

BENÖTIGTES MATERIAL

Keins

DURCHFÜHRUNG

Dieses Spiel eignet sich ebenfalls hervorragend für unterwegs. Beginnen Sie eine Geschichte mit einem Satz. Alternativ kann natürlich auch Ihr Kind beginnen. Erzählen Sie nun abwechselnd je einen Satz, um die Geschichte fortsetzen. Lassen Sie Ihrer Fantasie freien Lauf, denn umso mehr Spaß wird es Ihrem Kind machen.

WIMMELBILDER ANSEHEN

Wimmelbücher sind eine hervorragende Möglichkeit, Ihr Kind zu ermutigen, Sätze zu bilden. Die Vielzahl an Eindrücken bietet genug Gesprächsstoff, um sich länger darüber zu unterhalten.

BENÖTIGTES MATERIAL

Wimmelbild oder Wimmelbuch

DURCHFÜHRUNG

Schauen Sie sich zusammen mit Ihrem Kind ein Wimmelbild oder Wimmelbuch an. Lassen Sie sich von Ihrem Kind erzählen was es sieht, was passiert und welche Ausschnitte es besonders spannend findet. Stellen Sie offene Fragen, also Fragen, die mit Fragewort beginnen („Wo?", „Was?"," Wer?",...). Ermutigen Sie Ihr Kind dazu, selbst Fragen zu stellen, aber zwingen Sie es nicht. Der Zwang kann auf Ihr Kind Druck ausüben. Das Ansehen des Wimmelbilds wird so mit einer Drucksituation assoziiert und Ihr Kind zeigt weniger Begeisterung beim gemeinsamen Ansehen.

HINWEIS: Wimmelbilder finden Sie kostenlos im Internet zum Ausdrucken.

WIMMELBILDER ZUM AUSDRUCKEN

KOMMUNIKATION

Kommunikationsspiele lassen Ihr Kind alle sprachlichen Ebenen miteinander verbinden und bereiten Ihr Kind auf das Sprechen in Alltagssituationen vor. Kommunikationsverhalten kann am besten in Rollenspielen trainiert werden. Nachfolgend erhalten Sie Anregungen zu Alltagssituationen, die Sie als Rollenspiel mit Ihrem Kind nachahmen können. Da Kinder dabei kreativ werden und in andere Rollen schlüpfen können, haben sie meist besonders viel Spaß an solchen Übungen. Spiele, bei denen sie die Rolle eines Erwachsenen einnehmen dürfen, sind oft besonders spannend.

Kinder erwerben im Gespräch Problemlösungs- und Verhandlungskompetenz, entwickeln Mitgefühl für Ihre Mitmenschen und lernen nonverbale Kommunikationstechniken kennen. Das sind wichtige Grundlagen für spätere reale Kommunikationssituationen.

Da Rollenspiele selten im Voraus genau geplant werden, erhalten Sie hierfür keine detaillierten Materialangaben und Durchführungsanweisungen, sondern Materialvorschläge, die Ihr gemeinsames Spiel anregen.

ARZT

Im Arztspiel kann Kindern spielerisch die Bedeutung der Gesundheitserziehung nähergebracht werden. Indem Ihr Kind die Rolle des Arztes einnimmt, lernt es, wozu bestimmte Instrumente notwendig sind und warum Ärzte bestimmte Körperteile und -funktionen untersuchen. Das kann gegen die Angst vorm Arztbesuch helfen.

MATERIALVORSCHLÄGE

- Für die notwendige Grundausstattung ist ein klassischer Kinderarztkoffer geeignet.
- Ein altes weißes Hemd eignet sich perfekt als Arztkittel.
- Mullbinden oder ein altes weißes T-Shirt können als Verbände genommen werden. Das T-Shirt muss dazu in Streifen geschnitten und diese zusammengerollt werden.
- Leere Tablettenschachteln und Arzneifläschchen können mit selbstbeschriebenen Etiketten versehen und den Patienten verabreicht werden.
- Als Patienten können entweder Sie selbst, Kuscheltiere oder Puppen dienen.

KAUFMANNSLADEN

Kinder begleiten Ihre Eltern regelmäßig beim Einkaufen. Es ist nicht verwunderlich, dass Kinder dann so gern selbst Supermarkt spielen. Lassen Sie Ihr Kind seinen Laden einräumen, tauschen Sie immer mal wieder die Rollen des Käufers und des Verkäufers und unterhalten Sie sich dabei über die angebotenen Produkte und seine Verwendungsmöglichkeiten. Dieses Rollenspiel bietet viel alltägliches Gesprächspotenzial.

MATERIALVORSCHLÄGE

- Spielgeld kann kostenlos im Internet ausgedruckt werden.
- Leere, saubere Lebensmittelverpackungen können als Produkte zum Verkauf angeboten werden.
- Aus Bastelfilz können verschiedene Lebensmittel einfach selbst gebastelt werden.
- In einem alten Portemonnaie kann das Geld aufbewahrt werden.
- In einer Kinderkasse können die gekauften Produkte eingescannt werden.
- In einem Korb kann der Einkauf transportiert werden.
- Eine alte Küchenwaage kann verwendet werden, um Obst und Gemüse abzuwiegen.
- Aus Salzteig können verschiedene Gebäckstücke gefertigt werden.

PUPPENMAMA ODER -PAPA

Ein weiteres beliebtes Rollenspiel ist das Nachspielen des Familienalltags. Jedoch ist in diesem Szenario Ihr Kind der Elternteil. Sicher hat Ihr Kind Spaß daran, Ihnen eine Rolle zuzuweisen. Gemeinsam können Sie sich um die Puppe kümmern, sie füttern, ins Bett bringen, den Puppengeburtstag ausrichten oder gemeinsam mit dem Puppenwagen spazieren gehen. Natürlich können Sie statt einer Puppe auch ein geliebtes Kuscheltier nehmen.

RESTAURANT

In seinem eigenen Restaurant kann Ihr Kind Sie, Freunde und seine Kuscheltiere oder Puppen bekochen.

MATERIALVORSCHLÄGE

- Den Tisch können Sie wie in einem richtigen Restaurant eindecken: Legen Sie ein Tischtuch und Besteck auf den Tisch und stellen Sie eine LED-Kerze darauf.
- Ungefährliche Küchengeräte wie Kellen, Plastikschüsseln oder Schneebesen kann Ihr Kind zum Kochen verwenden.
- Zutaten können aus Bastelfilz und verschiedenen Stoffen selbst gebastelt werden. Auch Knete eignet sich, um verschiedene Lebensmittel darzustellen.
- Speisekarten können von Ihnen und Ihrem Kind gemalt werden.
- Auf Kinderplastikgeschirr kann Ihr Gericht serviert werden.
- Eis kann aus zu Trichtern geformtem buntem Papier und eingefärbten Wattebäuschen gebastelt werden.

VARIANTE

In einem Sandkasten kann Ihr Kind Ihnen auch aus Sand herrliche Gerichte zaubern.

PUPPENTHEATER

MATERIALVORSCHLÄGE

Handpuppen: Mit etwas Nähgeschick können Sie auch Ihre eigenen Handpuppen herstellen und gestalten. Wenn Ihr Kind bereits alt genug ist, ist das eine schöne gemeinsame Beschäftigung für Sie und Ihr Kind.

SPIELIDEEN

Erfinden Sie gemeinsam ein Theaterstück. Kinder sind im Umgang mit Handpuppen oft ungehemmter als im Umgang mit Menschen, insbesondere mit ihnen nicht vertrauten Personen. Ermutigen Sie Ihr Kind dazu, seiner Fantasie freien Lauf zu lassen und sich eine spannende Geschichte auszudenken. Wirken Sie dennoch aktiv beim Entwickeln der Geschichte mit. So lernt Ihr Kind, auf die Aussagen anderer einzugehen.

BAUERNHOF

Kinder sind grundsätzlich begeistert von Tieren. Was ein Gesicht hat und sich bewegt, ist bereits im Babyalter spannend. Zu Bauernhoftieren haben Kinder oft einen direkten Bezug, da die meisten Kinder schon einmal verschiedene Bauernhoftiere aus der Nähe erlebt haben.

MATERIALVORSCHLÄGE

- Verschiedene Bauernhoftierfiguren und eventuell passendes Zubehör oder verschiedene Kuscheltiere sind die Hauptakteure.
- Je nachdem, wie Sie spielen möchten, können Sie Figuren als Bauer oder Bäuerin nehmen oder sich selbst um die Tiere kümmern.
- Mit selbst gebasteltem Futter können die Tiere versorgt werden.
- Mit weichen Kinderhaarbürsten kann das Fell der Tiere gebürstet werden.
- Aus Kartons, Kissen und Decken können Sie Weide und Ställe für die Tiere bauen.

PHONOLOGISCHE BEWUSSTHEIT

Die phonologische Bewusstheit beschreibt die Fähigkeit, Wörter in Silben und Laute einteilen zu können sowie aus einzelnen Silben und Lauten Wörter zusammensetzen zu können. Gerade für Vorschulkinder ist diese Fähigkeit essenziell. Diese Übungen sind für Kinder im Vorschulalter und jüngere Grundschulkinder geeignet. Phonologische Bewusstheit ist für den Schriftspracherwerb unerlässlich.

REIMWÖRTER

REIMWÖRTER FINDEN

BENÖTIGTES MATERIAL

Bildkarten, je zwei Karten sollen ein Reimpaar bilden

DURCHFÜHRUNG

Sie erklären Ihrem Kind, dass manche Worte sehr ähnlich klingen. Sie enden gleich. Zu solchen Worten sagt man auch, dass sie sich reimen. Geben Sie Ihrem Kind am besten ein Beispiel für ein Reimpaar vor und zwei Wörter, die sich nicht reimen (z. B. Schal und Wal reimen sich, Schal und Kuh aber nicht). Legen Sie Ihrem Kind nun drei Karten vor. Zwei davon reimen sich, die dritte zeigt einen Begriff, der kein Reimwort zu den anderen beiden ist. Ihr Kind soll Ihnen nun zeigen, welche Wörter sich reimen und welches sich nicht reimt.

STEIGERUNG

Wörter mit einem Bezug zu einem der Reimwörter können für zusätzliche Schwierigkeit sorgen. So können Sie Ihrem Kind beispielsweise folgende Bilder vorlegen: Zopf-Herd-Topf. Das Kind soll nun die semantische Beziehung zwischen Herd und Topf ausblenden und sich ausschließlich auf den Reim Zopf-Topf konzentrieren.

Für richtige Reimprofis können Sie das Spiel erschweren, indem sie ähnlich klingende Worte dazu nehmen, z. B. Tatzen-Katzen-Karten.

WORTANFANG

ANLAUT BENENNEN

BENÖTIGTES MATERIAL

Muggelsteine oder ähnliche, möglichst einheitliche Gegenstände, z. B. Knöpfe
Einer der Steine sollte dabei leicht anders aussehen, z. B. eine andere Farbe oder Form haben.

DURCHFÜHRUNG

Erklären Sie Ihrem Kind, das Worte mit verschiedenen Lauten anfangen. Stellen Sie die Laute mithilfe der Muggelsteine optisch dar. Die Steine symbolisieren die einzelnen Laute des Wortes. Der erste Stein entspricht dem ersten Laut des Wortes. Wichtig ist, dass Sie die Steine dabei in Leserichtung des Kindes legen (der erste Laut liegt für das Kind links). Erklären Sie Ihrem Kind, dass der erste Stein dem ersten Laut des Wortes entspricht. Sie sprechen Ihrem Kind nun ein Wort vor und zeigen dabei mit Ihrem Finger an den Steinen mit. Ihr Kind soll dabei ganz genau darauf achten, welchen Laut Sie sagen, wenn Sie auf den ersten Stein zeigen. Diesen soll es Ihnen sagen, nachdem Sie das Wort gesprochen haben. Dieses Spiel eignet sich als Vorübung für das nachfolgende Anlaut-Memory.

WÖRTER MIT GLEICHEN ANLAUTEN FINDEN

BENÖTIGTES MATERIAL

Bildkartenpaare mit unterschiedlichen Begriffen, ein paar ist hierbei kein exakt identisches Bild, sondern zwei verschiedene Begriffe, die mit dem gleichen Laut beginnen.

DURCHFÜHRUNG

Sobald Ihr Kind das Konzept von Anlauten verstanden hat und die oben genannte Übung sicher bewältigt, können Sie Anlaute spielerischer üben. Ein Memory ist bei Kindern beliebt und schult nebenbei die Merkfähigkeit. Drehen Sie abwechselnd je zwei Karten auf. Sprechen Sie beim Aufdecken der Karten den abgebildeten Begriff laut mit. Wer zwei Bilder mit demselben Anlaut aufdeckt, darf das Paar behalten. Gewonnen hat, wer mehr Paare gefunden hat.

HILFEN

Sollte Ihr Kind den Anlaut nicht sofort heraushören, können Sie ihn überbetonen. Dazu ziehen Sie ihn lang. Plosivlaute (k, t, g, d, p, b) können Sie zur besseren Hörbarkeit doppelt sprechen.

WORTSYNTHESE

BENÖTIGTES MATERIAL

- Bildkarten zu den jeweiligen Begriffen
- Die Begriffe sollten zu Beginn maximal zwei Laute beinhalten (z. B.: See, Tee, Fee, Schuh, Kuh, Ohr, Reh, Uhr). Zeigt Ihr Kind sicher auf den richtigen Begriff, erhöhen Sie die Lautanzahl.
- Geeignete Wörter mit drei Lauten: Schnee, Ball, Zug, Hut, Maus, Haus, Dieb, Sieb, Fisch, Tisch, Bus, Bär, Rock, Schal
- Geeignete Wörter mit vier Lauten: Hase, Hund, Kasse, Hose, Jacke, Stuhl, Puppe, Nase, Fahne, Tasse, Sonne, Wanne, Schule
- Geeignete Wörter mit fünf Lauten: Teller, Katze, Schrank, Sessel, Gurke, Blume, Kuchen, Flasche, Rutsche, König

DURCHFÜHRUNG

Legen Sie Ihrem Kind drei Bildkarten vor. Je nach Leistung des Kindes kann die Bildanzahl auch erhöht oder verringert werden.

Gehen Sie mit Ihrem Kind zu Beginn des Spiels die vorgelegten Bilder durch, um sicherzustellen, dass es die Begriffe kennt. Erklären Sie Ihrem Kind nun, dass Sie ihm Laute nennen, die es zu einem Wort zusammenfügen soll. Der Begriff ist auf einer der vorgelegten Karten abgebildet. Ihr Kind soll Ihnen, nachdem Sie ihm die Laute vorgesprochen haben, zeigen, welches Wort Sie ihm gerade vorgesprochen haben.

Sprechen Sie Ihrem Kind anschließend die Laute in der Reihenfolge vor, in der sie im Wort vorkommen, z. B. für das Wort Schule: Sch-u-l-e. Lassen Sie dabei kurze Pausen zwischen den Lauten. Ihr Kind soll die Laute nun zu einem Wort zusammenfügen und auf das dazu passende Bild zeigen.

BEWEGUNGS- & SPRACHFÖRDERNDE ÜBUNGEN

LIEDER

Kinder lieben Musik und das Singen. Es bereitet Kindern viel Freude. Schon Säuglinge nehmen Musik wahr und reagieren positiv darauf, wenn ihnen sanfte Lieder vorgesungen werden. Musizieren und Singen fördert neben der Musikalität viele weitere Kompetenzen. Rhythmische Bewegungen und spezielle Tanzschritte fördern die Motorik. Der Ausdruck von Emotionen durch Musik fördert die emotionale Kompetenz dar. Das Einprägen von Liedtexten und das Erkennen von Reimschemata wirkt sich positiv auf die kognitiven Fähigkeiten aus. Das Singen im Chor stärkt ein Zugehörigkeits- und Gemeinschaftsgefühl und stärkt die soziale Kompetenz.
Auch das Musizieren mit verschiedenen Instrumenten wirkt sich positiv auf die kindliche Entwicklung aus. Kinder entwickeln Neugier dafür, wie verschiedene Klänge produziert werden. Sie experimentieren mit unterschiedlichen Instrumenten, Tonhöhen und -abfolgen. Dabei müssen ihnen nicht zwangsläufig klassische Instrumente vorgesetzt werden. Mit dem eigenen Körper Töne zu erzeugen (z. B. durch Schnipsen, Pfeifen oder Stampfen) regt die Kreativität an. Auch das Basteln eigener Instrumente ist für Kinder spannend.

Musik sollte daher ein fester Bestandteil der Erziehung Ihres Kindes sein. Unabhängig davon, ob Sie selbst Instrumente spielen oder wie gut Sie Ihren Gesang einschätzen, sind Kinder davon begeistert, Musik in ihren Alltag zu integrieren.

EIN VOGEL WOLLTE HOCHZEIT MACHEN

Das Lied „Ein Vogel wollte Hochzeit machen“ hat viele Strophen, die, abgesehen von den ersten beiden beliebig weggelassen werden können. Es zeichnet sich durch ein einfaches Reimschema und kurze Strophen aus. Das wiederkehrende „Fideralala, fideralala, fideralalalala“ bereitet Kindern beim Singen viel Freude und bildet ein wiederkehrendes Element. Es eignet sich perfekt für den Frühling. In einer großen Kindergruppe kann das Lied auch mit verteilten Rollen aufgeführt werden. Kindern bereitet es auch oft viel Freude, selbst Strophen dazuzudichten.

„Ein Vogel wollte Hochzeit machen"
Ein Vogel wollte Hochzeit machen in dem grünen Walde.
Fideralala, fideralala, fideralalalala.

Die Drossel war der Bräutigam, die Amsel war die Braute.
Fideralala, fideralala, fideralalalala.

Der Sperber, der Sperber, der war der Hochzeitswerber.
Fideralala, fideralala, fideralalalala.

Der Stare, der Stare, der flocht der Braut die Haare.
Fideralala, fideralala, fideralalalala.

Der Seidenschwanz, der Seidenschwanz, der bracht der Braut den Hochzeits-kranz. Fideralala, fideralala, fideralalalala.

Die Lerche, die Lerche, die bracht die Braut zur Kerche.
Fideralala, fideralala, fideralalalala.

Der Auerhahn, der Auerhahn, der war der würdge Kapellan.
Fideralala, fideralala, fideralalalala.

Die Meise, die Meise, die sang das Kyrie leise.
Fideralala, fideralala, fideralalalala.

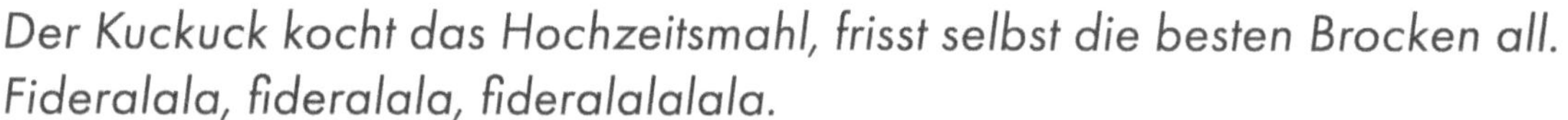

Der Kuckuck kocht das Hochzeitsmahl, frisst selbst die besten Brocken all.
Fideralala, fideralala, fideralalalala.

Der Zeisig, der Zeisig, der futtert gar sehr fleißig.
Fideralala, fideralala, fideralalalala.

Die Puten, die Puten, die machten breite Schnuten.
Fideralala, fideralala, fideralalalala.

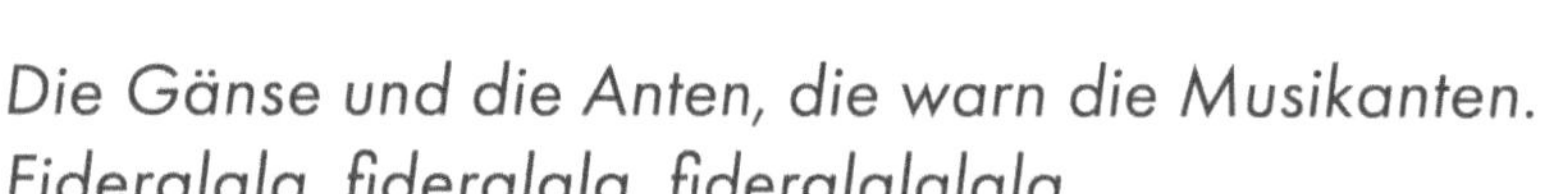

Die Gänse und die Anten, die warn die Musikanten.
Fideralala, fideralala, fideralalalala.

Der Wiedehopf, der Wiedehopf bracht nach dem Mahl den Kaffeetopf.
Fideralala, fideralala, fideralalalala.

Der Rabe, der Rabe, der bracht die erste Gabe.
Fideralala, fideralala, fideralalalala.

Der Pfau mit seinem bunten Schwanz, der führt die Braut zum Hochzeitstanz.
Fideralala, fideralala, fideralalalala.

Das Finkelein, das Finkelein, das führt das Paar ins Kämmerlein.
Fideralala, fideralala, fideralalalala.

Brautmutter war die Eule, nahm Abschied mit Geheule.
Fideralala, fideralala, fideralalalala.

Der Uhu, der Uhu, der macht die Fensterläden zu.
Fideralala, fideralala, fideralalalala.

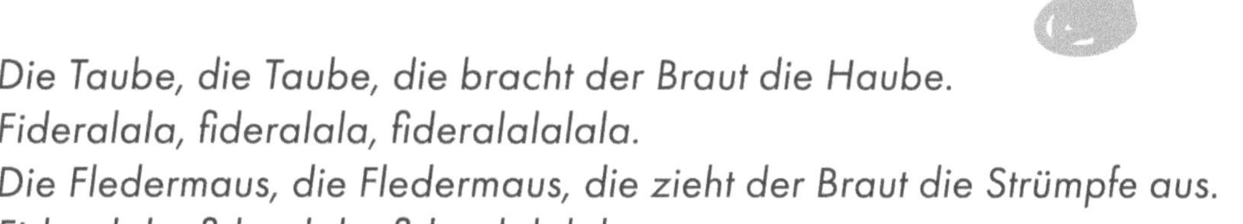

Die Taube, die Taube, die bracht der Braut die Haube.
Fideralala, fideralala, fideralalalala.
Die Fledermaus, die Fledermaus, die zieht der Braut die Strümpfe aus.
Fideralala, fideralala, fideralalalala.

Das Haselhuhn, das Haselhuhn sagt fröhlich: „Wünsche wohl zu ruhn!"
Fideralala, fideralala, fideralalalala.

Frau Kratzefuß, Frau Kratzefuß gab allen einen Abschiedskuss.
Fideralala, fideralala, fideralalalala.

Der Hahn der krähte „Gute Nacht!" Dann ward die Kammer zugemacht.
Fideralala, fideralala, fideralalalala.

Nun ist die Vogelhochzeit aus und alle ziehn vergnügt nach Haus.
Fideralala, fideralala, fideralalalala.

GRÜN, GRÜN, GRÜN SIND ALLE MEINE KLEIDER

„Grün, grün, grün sind alle meine Kleider" ist ein Lied, zu dem Kinder gerne tanzen. Es trainiert nebenbei die Farberkennung. Kinder lernen zudem verschiedene Berufe sowie deren spezielle Berufsbekleidung kennen. Das Kind beziehungsweise die Kinder können beim Singen direkt in den Liedtext eingebunden werden. Das schafft einen persönlichen Bezug des Kindes zum Lied. So kann Ihr Kind, wenn Sie das Lied nur zu zweit singen, auf ein Kleidungsstück in der Farbe zeigen, die in der jeweiligen Strophe besungen wird oder auf einen Gegenstand in der entsprechenden Farbe. Singen Sie das Lied mit mehreren Kindern, können alle zusammen einen Kreis bilden und alle Kinder, die ein Kleidungsstück in der besungenen Farbe tragen, kommen während der Strophe in die Kreismitte.

Grün, grün, grün sind alle meine Kleider;
grün, grün, grün ist alles, was ich hab.
Darum lieb ich alles, was so grün ist,
weil mein Schatz ein Jäger ist.

Rot, rot, rot sind alle meine Kleider,
rot, rot, rot ist alles, was ich hab.
Darum lieb ich alles, was so rot ist,
weil mein Schatz ein Reiter ist.

Blau, blau, blau sind alle meine Kleider,
blau, blau, blau ist alles, was ich hab.
Darum lieb ich alles, was so blau ist,
weil mein Schatz ein Matrose ist.

Schwarz, schwarz, schwarz sind alle meine Kleider,
schwarz, schwarz, schwarz ist alles, was ich hab.

Darum lieb ich alles, was so schwarz ist,
weil mein Schatz ein Schornsteinfeger ist.
Weiß, weiß, weiß sind alle meine Kleider,
weiß, weiß, weiß ist alles, was ich hab.
Darum lieb ich alles, was so weiß ist,
weil mein Schatz ein Müller ist.
Bunt, bunt, bunt sind alle meine Kleider,
bunt, bunt, bunt ist alles, was ich hab.
Darum lieb ich alles, was so bunt ist,
weil mein Schatz ein Maler ist.

BRÜDERCHEN, KOMM TANZ' MIT MIR

Bekannt wurde das Lied im Zusammenhang mit dem Märchen „Hänsel und Gretel". Die große Schwester Gretel zeigte ihrem kleinen Bruder Hänsel einen Tanz. Es ist ein klassisches Bewegungslied. Die entsprechenden Tanzschritte werden direkt im Liedtext erklärt. Das macht es sehr leicht, den Übungen zu folgen. Die jeweiligen Bewegungen werden unter den einzelnen Strophen erläutert.

„Brüderchen, komm tanz' mit mir"
Brüderchen, komm, tanz' mit mir,
beide Hände reich' ich dir,
einmal hin, einmal her,
rundherum, das ist nicht schwer.

Zwei Kinder stehen sich gegenüber (singen Sie das Lied nur mit einem Kind, stehen Sie dem Kind gegenüber). Sie fassen sich an den Händen.

Bei „einmal hin" gehen die Kinder einen Schritt zur Seite, bei „einmal her" einen Schritt in die andere Richtung. Bei „rundherum, das ist nicht schwer" dreht sich das Tanzpaar einmal im Kreis. Diese beiden Verse werden in jeder Strophe wiederholt und die Tanzschritte dazu bleiben immer dieselben.

Mit den Händchen klipp, klipp, klapp,
mit den Füßchen tripp, tripp, trapp,
einmal hin, einmal her,
rundherum, das ist nicht schwer.

Die Kinder stehen sich nach wie vor paarweise gegenüber. Im ersten Vers auf „klipp, klipp, klapp" klatschen die Kinder dreimal. Während des zweiten Verses auf „tripp, tripp, trapp" stampfen beide Kinder.

Mit dem Köpfchen nick, nick, nick,
mit den Fingerchen tick, tick, tick,
einmal hin, einmal her,
rundherum, das ist nicht schwer.

Bei „nick, nick, nick" nicken sich beide Kinder zu. Auf „tick, tick, tick" ticken sie mit ihren Fingern in der Luft.

Ei, das hast du gut gemacht,
ei, das hätt' ich nicht gedacht.
Einmal hin, einmal her,
rundherum, das ist nicht schwer.

Bei „Ei, das hast du gut gemacht" klopfen die Kinder ihrem Gegenüber auf die Schulter.

Noch einmal das schöne Spiel,
weil es mir so gut gefiel,

einmal hin, einmal her,
rundherum, das ist nicht schwer.

In der letzten Strophe tanzen die Kinder zuden letzten beiden Versen.

MEINE HÄNDE SIND VERSCHWUNDEN

Kinder lernen mit diesem Lied spielerisch die verschiedenen Körperteile kennen. Bereits Kleinkinder erfreuen sich an dem Text, der aufgrund seiner zahlreichen Wiederholungen leicht mitgesungen werden kann. Bei diesem Lied handelt es sich um ein Fingerspiel mit musikalischer Begleitung. In jeder Strophe wird bei „Meine ... ist/sind verschwunden, ich habe keine ... mehr." die jeweils besungenen Körperteile versteckt. Beispielsweise wird es mit den Händen abgedeckt, die Finger werden eingerollt oder die Hände werden hinter dem Rücken versteckt. Auf „Ei" treten die versteckten Körperteile wieder zum Vorschein. Bei „Tra la la la la la la." klatschen alle Kinder im Rhythmus mit.

„Meine Hände sind verschwunden"
Meine Hände sind verschwunden,
ich habe keine Hände mehr.
Ei, da sind die Hände wieder.
Tra la la la la la.
Meine Nase ist verschwunden,
ich habe keine Nase mehr.
Ei, da ist die Nase wieder.
Tra la la la la la.

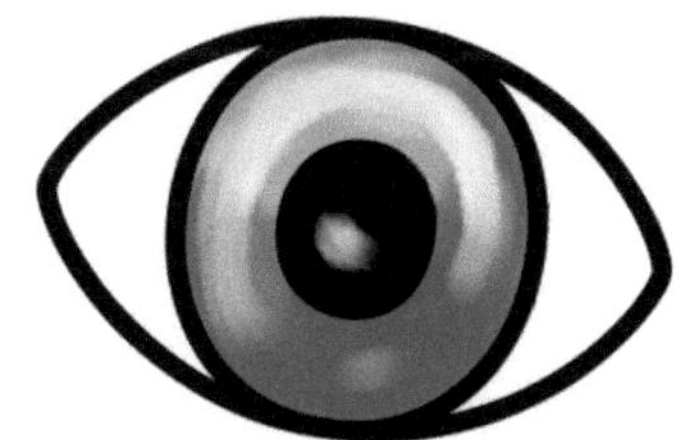

Meine Augen sind verschwunden,
ich habe keine Augen mehr.
Ei, da sind die Augen wieder.
Tra la la la la la.

Meine Ohren sind verschwunden,
ich habe keine Ohren mehr.
Ei, da sind die Ohren wieder.
Tra la la la la la.

Meine Finger sind verschwunden,
ich habe keine Finger mehr.
Ei, da sind die Finger wieder.
Tra la la la la la.

Mein Mund, der ist verschwunden,
ich habe keinen Mund mehr.
Ei, da ist der Mund wieder.
Tra la la la la la.

FINGERSPIELE

Fingerspiele sind ein hervorragendes Mittel zur Sprachförderung. Sie können durch Reime und bestimmte Sprachmelodien leichter eingeprägt werden und unterstützen die Sprachentwicklung des Kindes. Zudem trainiert das Erlernen eines solchen Fingerspielspruches die Merkfähigkeit.

Fingerspiele verknüpfen Sprachentwicklung mit Bewegung und Körperwahrnehmung. Die Kombination mehrerer Sinne beim Lernen erleichtert das Einprägen. Die Merkfähigkeit wird trainiert. Fingerspiele sind in der Vorbereitung sehr einfach, da man kein zusätzliches Material benötigt.

FINGERZEIGEN

Das ist der Daumen,
Der Daumen wird nach innen umgelegt.
der schüttelt die Pflaumen,
Der Zeigefinger wird nach innen umgelegt.
der hebt sie auf,
Der Mittelfinger wird nach innen umgelegt.
der trägt sie nach Haus,
Der Ringfinger wird nach innen umgelegt.
und der kleine Schelm – isst sie alle auf.
Der kleine Finger wird nach innen umgelegt.

HIMPELCHEN UND PIMPELCHEN*

Die Hände sind zu Fäusten geballt.
Die Daumen zeigen nach oben.

Himpelchen und Pimpelchen
Beide Daumen werden aufgerichtet.

steigen auf den Berg.
Die Fäuste in einer Kletterbewegung nach oben bewegt.

Himpelchen war ein Wichtelmann,
Ein Daumen bewegt sich.

Pimpelchen ein Zwerg.
Der andere Daumen bewegt sich.

Sie blieben lang dort oben sitzen und wackelten mit den Zipfelmützen.
Beide Daumen bewegen sich.

Doch nach fünfundsiebzig Wochen, sind sie in den Berg gekrochen.
Die Daumen werden in der Faust versteckt.

Dort schlafen sie in großer Ruh. Seid mal still und hört gut zu: chrr, chrr, chrr.
Sie und Ihr Kind machen Schnarchgeräusche.

KOMMANDO PIMPERLE

BENÖTIGTES MATERIAL

Ein Tisch mit genügend Platz für alle Mitspieler.

DURCHFÜHRUNG

Dieses Fingerspiel ist ein Reaktionsspiel für mehrere Kinder. Die Kinder sitzen zusammen an einem Tisch. Ein Kind gibt eines der folgenden Kommandos. Die anderen Kinder müssen dann die richtige Handlung ausführen. Der Kommandogeber führt dazu auch die jeweilige Handbewegung aus. Bei einigen Kommandos macht der Kommandeur eine andere Handbewegung, um die Mitspieler zu verwirren. Wer auf die falsche Handbewegung hereinfällt, scheidet bis zum Ende der Runde aus.

KOMMANDOS

„Kommando klopfen!"
Alle Kinder klopfen mit beiden Zeigefingern auf die Tischkante.

„Kommando Feuer!"
Die Kinder legen ihre Handrücken auf den Tisch. Die Finger zeigen nach oben und imitieren ein flackerndes Feuer.

„Kommando Bock!"
Die Hände werden zu Fäusten geballt und auf den Tisch gelegt.

„Kommando Doppelbock!"
Die Hände werden zu Fäusten geballt und aufeinander gelegt.

„Kommando flach!"
Die Hände werden flach nebeneinander auf dem Tisch platziert.

„Kommando tief!"
Die Kinder berühren mit ihren flachen Händen die Unterseite des Tisches.

„Kommando hoch!"
Die Hände werden in die Luft gestreckt.

„Kommando Daumen!"
Die Hände werden zu Fäusten geballt. Nur die Daumen werden abgespreizt.
Die Daumen berühren die Tischfläche, die Fäuste „schweben" über dem Tisch.

„Kommando Ellenbogen!"
Beide Ellenbogen werden auf dem Tisch abgestützt.

„Kommando Zelt!"
Die Fingerspitzen werden abgespreizt. Die Hände formen eine Art Zelt.
Nur die Fingerspitzen berühren den Tisch.

Selbstverständlich können Sie Kommandos nach Belieben dazu erfinden, weglassen oder abwandeln.

REIME

Reime trainieren auf einfache Weise die sprachlichen Fähigkeiten von Kindern. Kinder können sich Reime durch den Gleichklang zweier Wörter leichter einprägen. Sie entdecken den Gleichklang als Merkstrategie.

Reimen schult die phonologische Bewusstheit, die beim Schriftspracherwerb eine entscheidende Rolle spielt.

Durch eine oftmals abweichende Prosodie und Rhythmik klingen Reime anders als alltäglich gesprochene Sprache. Das schult das Rhythmusgefühl. Zudem lässt die abweichende Sprechweise Reime für Kinder lustig klingen und steigert damit die Sprechfreude. In einer Studie der Universität Lancaster wurde festgestellt, dass Kinder bei einem Assoziationstest Reime vor sinnverwandten Wörtern auswählten. Entschieden sich Erwachsene beim Wort Haus für semantisch passende Begriffe wie „Garten" oder „Dach", stürzten sich Kinder auf Reimwörter.

Reime dienen nicht nur der puren Unterhaltung, auch Abzählreime, Tischsprüche und Eselsbrücken reimen sich häufig.

Reimen ermöglicht es Kindern, Worte auf unerwartete Weise zu kombinieren. Das schafft neue Assoziationen und regt die Kreativität an.

Reime werden oft mit Mimik und Gestik unterstützt. Das dient als zusätzliche Merkhilfe und Kinder lernen, wie gesprochene Sprache mit nonverbaler Sprache unterstützt werden kann. Fingerspiele sind oft auch bewegungsunterstützte Reime.

HOPPE, HOPPE, REITER

Hoppe, hoppe, Reiter,
wenn er fällt dann schreit er.
Fällt er in den Graben,
fressen ihn die Raben.

Fällt er in die Hecken,
fressen ihn die Schnecken.
Fällt er in den Sumpf, macht der Reiter: plumps!

BACKE, BACKE, KUCHEN

Backe, backe, Kuchen,
der Bäcker hat gerufen!
Wer will guten Kuchen backen,
der muss haben sieben Sachen:
Eier und Schmalz, Butter und Salz,
Milch und Mehl, Safran macht den Kuchen gehl!
Schieb, schieb in'n Ofen 'nein.

MORGENS FRÜH UM SECHS

Morgens früh um sechs
kommt die kleine Hex'.
Morgens früh um sieben
kocht sie gelbe Rüben.
Morgens früh um acht
wird Kaffee gemacht.
Morgens früh um neun
geht sie in die Scheun'.
Morgens früh um zehn
holt sie Holz und Spän',
feuert an um elf,
kocht dann bis um zwölf:
Fröschebein' und Krebs und Fisch.
Hurtig, Kinder, kommt zu Tisch!

MESSER, GABEL, SCHERE, LICHT

Messer, Gabel, Schere, Licht
sind für kleine Kinder nicht

DAS HUHN

Ein Huhn, das fraß, man glaubt es kaum,
die Blätter von nem Gummibaum.
Dann ging es in den Hühnerstall
und legte einen Gummiball!

PUNKT, PUNKT, KOMMA, STRICH

Punkt, Punkt, Komma, Strich,
fertig ist das Mondgesicht.

TIPP: Während ihr den Reim aufsagt, kann das Kind Augen, Nase und Mund von einem Smiley malen. So lernt es, Sprache mit Handbewegungen zu koordinieren.

HEILE, HEILE SEGEN

Heile, Heile Segen,
drei Tage Regen,
drei Tage Sonnenschein,
wird alles wieder heile sein.
Heile, heile Segen,

drei Tage Regen,
drei Tage Schnee,
dann tut es nicht mehr weh.

MEIN FINGER GEHT IM KREISE

Mein Finger geht im Kreise,
auf eine kurze Reise.
Und bleibt mein Finger stehn,
dann musst du gehn.

ZUNGENBRECHER

Zungenbrecher zu lernen ist insbesondere für Kinder eine richtige Herausforderung. Sich ihre oftmals komplexe Struktur einzuprägen, erfordert ein gutes Gedächtnis. Zungenbrecher fördern so die Merkfähigkeit. In erster Linie trainieren sie, wie der Name bereits verrät, die Zunge beziehungsweise generell die Artikulationsorgane. Kinder müssen sich beim Vortragen von Zungenbrechern auf ihre Artikulation, primär auf die Koordination ihrer Artikulationsorgane konzentrieren. Das sind anspruchsvolle kognitive Aufgaben, die die Kinder in ihrer Sprachentwicklung fordern und fördern.

FISCHERS FRITZE

Fischers Fritze fischt frische Fische, frische Fische fischt Fischers Fritze.

BRAUTKLEID BLEIBT BRAUTKLEID ...

Brautkleid bleibt Brautkleid und Blaukraut bleibt Blaukraut.

DER PLAPPERNDE KAPLAN

Der plappernde Kaplan pappt poppig peppige Pappplakate an die klappernde Kapellwand

AUF DEN SIEBEN ROBBENKLIPPEN ...

Auf den sieben Robbenklippen sitzen sieben Robbensippen, die sich in die Rippen stippen, bis sie von den Klippen kippen.

DER FLUGPLATZSPATZ

Der Flugplatzspatz nahm auf dem Flugplatz platz. Auf dem Flugplatz nahm der Flugplatzspatz platz.

WER NICHTS WEIß

Wer nichts weiß und weiß, dass er nichts weiß, weiß mehr als der, der nichts weiß und nicht weiß, dass er nichts weiß.

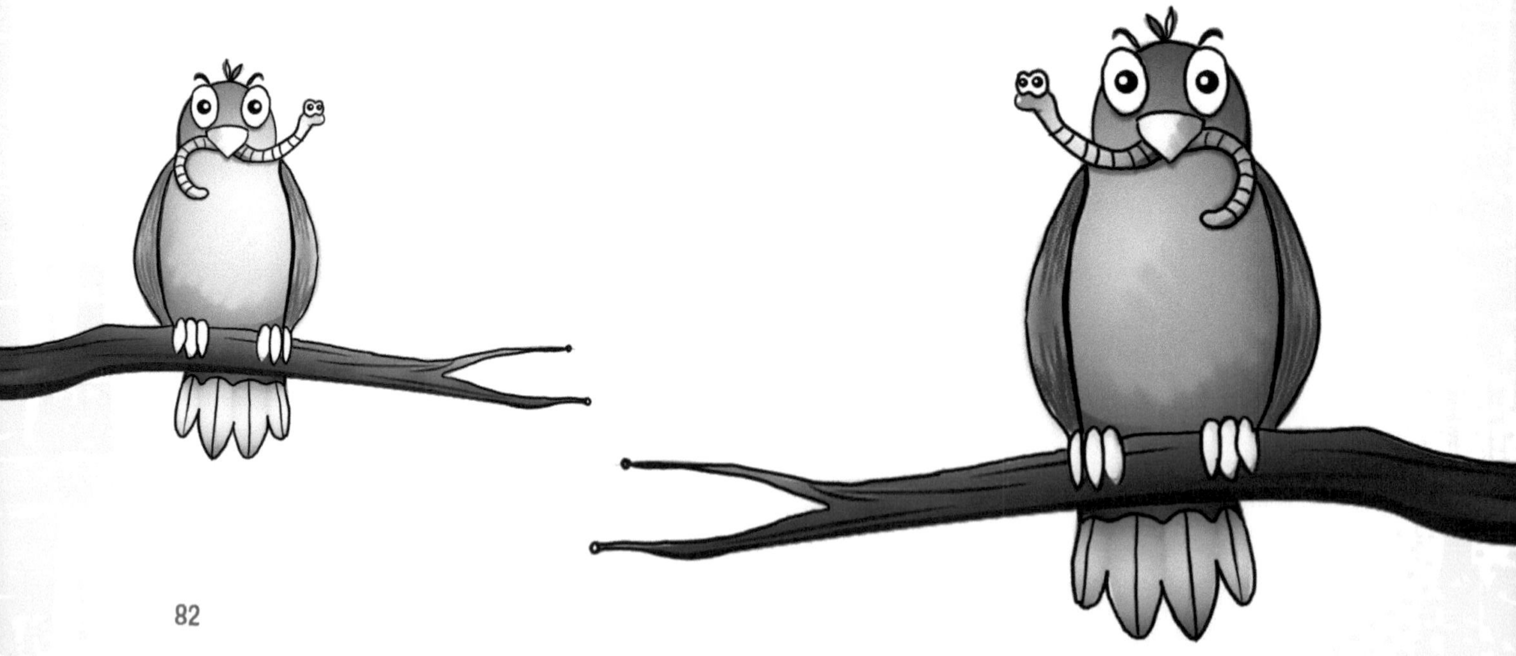

WIE DIE SPRACHE FUNKTIONIERT

Der Begriff Sprache ist linguistisch schwer zu fassen. Im weiteren Sinn wird darunter ein Kommunikationssystem verstanden. Mit verschiedenen Medien werden so Informationen ausgetauscht. Sprache setzt sich aus verschiedenen Komponenten zusammen. Sie besteht gerade im menschlichen Kommunikationssystem vorrangig aus Lauten, visuellen Zeichen, Mimik und Gestik. Das menschliche Sprachsystem ist in seiner Komplexität einzigartig. Keine andere Sprache verfügt über eine praktisch unendliche Anzahl von Möglichkeiten. Die unbegrenzten Möglichkeiten der menschlichen Sprache ergeben sich in erster Linie durch ihre komplexe Elementarzeichenstruktur und Syntax sowie ihr riesiges Lexikon. Menschen sind die einzigen Lebewesen, die sich über nicht anwesende, beziehungsweise gar nicht erst existierende, Dinge unterhalten und begrifflich abstrahieren können. Die ohnehin schon vielfältige menschliche Sprache unterteilt sich erneut in etwa 7.000 verschiedene Sprachen.

DIE LINGUISTISCHEN EBENEN

PHONETIK UND PHONOLOGIE

Die Phonetik und die Phonologie befassen sich mit den lautlichen Charakteristika von Sprachen.

Die Phonetik beschäftigt sich mit der Lautproduktion und -wahrnehmung und den akustischen Eigenschaften von Sprachen.

In der Phonologie werden die Lautsysteme verschiedener Sprachen untersucht. Deren Phoneme und Kombinationsregeln werden analysiert. Ein Phonem ist die kleinste bedeutungsunterscheidende Einheit eines Lautsystems. Der Begriff Phonem ist etwa gleichbedeutend mit dem Begriff Laut. Laute werden noch feiner untergliedert als Phoneme. Anschaulich für die Unterscheidung der Begriffe „Laut" und „Phonem" ist das deutsche „r". In der deutschen Sprache gibt es das gerollte und das nicht gerollte r. Beim rollenden r befindet sich die Zungenspitze hinter den Schneidezähnen und vibriert. Das nicht gerollte r wird hinten im Rachen gebildet. Das gerollte und das nicht gerollte r klingen verschieden. Es handelt sich daher um zwei verschiedene Laute. Wenn Sie sich mit jemandem auf Deutsch unterhalten und Ihnen die andere Person von ihrem Urlaub in Rom erzählt, ist es unerheblich, welches r verwendet wurde. Sie werden unabhängig davon, ob der Sprecher das r rollt oder nicht, denselben Inhalt verstehen. Die Bedeutung der Aussage unterscheidet sich nicht, obwohl das r verschieden klingt. Es handelt sich daher zwar um zwei verschiedene Laute, aber nur ein Phonem.

Die Phonetik und Phonologie sind die kleinsten linguistischen Ebenen. Auf ihnen bauen alle folgenden Ebenen auf.

LEXIKON UND SEMANTIK

Das Lexikon und die Semantik einer Sprache sind eng miteinander verknüpft.

Das Lexikon ist der Wortschatz einer Person. Es fungiert als inneres Wörterbuch und umfasst alle Wörter, auf die eine Person zurückgreifen kann. Das Lexikon unterteilt sich in den aktiven und den passiven Wortschatz. Der aktive Wortschatz bezeichnet die Wörter, die eine Person aktiv verwendet, also spricht. Der passive Wortschatz umfasst alle Wörter, die eine Person zwar nicht spricht, aber versteht. Während der kindlichen Sprachentwicklung ist der passive Wortschatz immer größer als der aktive.

Die Semantik untersucht die Bedeutung von Wörtern und Sätzen. Die Bedeutung eines Wortes wird nach seinem Erlernen im Lexikon abgespeichert. Die Semantik untersucht Begriffe hinsichtlich ihrer spezifischen Merkmale. Sie befasst sich beispielsweise damit, wie sich „Stuhl" und „Sessel" in ihrer Bedeutung unterscheiden. So sind sowohl ein Stuhl als auch ein Sessel eine Sitzgelegenheit, ein Gegenstand. Zudem untersucht die Semantik gegenteilige Wörter, zu welchen Oberbegriffen welche Unterbegriffe gehören und Synonyme.

MORPHOLOGIE UND SYNTAX

Morphologie und Syntax werden auch als Grammatik einer Sprache bezeichnet. Die Morphologie ist die Wortbeugung und die Syntax gibt an, wie Wörter zu Sätzen kombiniert werden.

Die Morphologie untersucht den Aufbau von Wörtern. Beispielsweise wird untersucht, wie Verben flektiert werden oder zusammengesetzte Substantive sich zusammenfügen. Die Syntax einer Sprache gibt Regeln vor, nach denen Wörter sich zu einem korrekten, vollständigen Satz anordnen lassen.

PRAGMATIK

Der primäre Nutzen von Sprache ist die Kommunikation miteinander. Die linguistische Ebene der Pragmatik befasst sich mit dem Kommunikationsverhalten. Gesellschaftliche Normen der Kommunikation und das Verständnis von Ironie und sprachlichen Ambiguitäten müssen erst erworben werben.

Die grundlegenden Gesprächsregeln sind höfliche Gepflogenheiten wie beispielsweise Blickkontakt, den anderen ausreden zu lassen und ein Gefühl dafür, wann ein Sprecherwechsel erfolgt. Darunter zählt auch die Verwendung bestimmter Wörter und Floskeln. So schildert man denselben Sachverhalt einem guten Freund anders als dem Vorgesetzten.

Zudem zählt das Verständnis von Wortwitzen, Ironie, impliziten Bedeutungen und sprachlichen Mehrdeutigkeiten zur Pragmatik. So zielt die Frage „Hast du eine Uhr?" selten darauf ab, zu erfahren, ob die andere Person im Besitz einer Uhr ist. Meist wird dadurch implizit gefragt, wie spät es sei. Die Aussage „Das hast du aber toll gemacht" kann sowohl positiv als auch negativ gemeint sein. Es gilt, solche impliziten und mehrdeutigen Fragen und Aussagen je nach Kontext einordnen zu können.

ERSTSPRACHE – ANGEBOREN ODER ANERZOGEN?

Der Erstspracherwerb ist ein Phänomen, das nicht abschließend geklärt werden kann. Sprachwissenschaftler sind sich nicht einig, ob Sprache angeboren oder anerzogen ist. Verschiedene Spracherwerbstheorien unterscheiden sich darin, dass Uneinigkeit über die Erwerbsvoraussetzungen besteht.

Einige Sprachwissenschaftler, allen voran der Professor Noam Chomsky, gehen davon aus, dass sprachliches Wissen im Menschen genetisch veranlagt ist. Alle Sprachen dieser Welt sind in bestimmten strukturellen Aspekten gleich. Kinder kommen laut dieser Theorie mit universellem sprachlichem Wissen auf die Welt. Sprachlicher Input ist im Rahmen dieser Theorie nur notwendig, um diese universellen Strukturmerkmale auf die zu erlernende Sprache einzustellen.

Eine weitere populäre Spracherwerbstheorie geht davon aus, dass Kinder mithilfe genereller kognitiver Mechanismen die Zielsprache erlernen. Zu diesen kognitiven Mechanismen zählen die Fähigkeit zur Mustererkennung oder Generalisierung. Es sind Mechanismen, die allgemein zum Lernen neuer Fähigkeiten angewandt werden. Diese Theorie spricht dem sprachlichen Input eine weitaus größere Rolle zu.

Viele Argumente sprechen für oder gegen diese Theorien. Eine dritte Gruppe Sprachwissenschaftler geht von einer Mischung beider Theorien aus. Sie vertritt die Annahme, dass der Erstspracherwerb sowohl angeboren ist als auch stark vom sprachlichen Input abhängt.

DER ERSTSPRACHERWERB

Der Erwerb der Sprache ist eine der eindrucksvollsten menschlichen Fähigkeiten. Kinder lernen ohne Anleitung, Sprache aufzunehmen, zu verinnerlichen und schließlich selbst anzuwenden. Ganz intuitiv und ohne Regelbewusstsein ahmen sie die Laute und Lautverbindungen ihrer Umwelt nach.

Sprachwissenschaftler unterscheiden beim Spracherwerb zwischen Sprachkompetenz und Sprachperformanz. Die Kompetenz beschreibt das sprachliche Wissen, über das ein Mensch verfügt. Die Performanz ist die Sprachverwendung. Das beschreibt nicht nur die eigene Sprachproduktion, sondern auch das Sprachverständnis.

Das Erlernen der Erstsprache funktioniert anders als das Erlernen einer Zweitsprache. Im Fremdsprachenunterricht beginnen der Lehrer oder die Lehrerin zunächst mit der Vermittlung sprachlichen Wissens, der Sprachkompetenz. Die Schüler und Schülerinnen reflektieren über grammatische Regeln und Vokabeln, bevor sie die Sprache aktiv nutzen. Der Erstspracherwerb verlangt kein bewusstes Lernen der Sprachkompetenz. Kinder lernen durch Imitieren der Personen um sie herum. Meistens sind das die Eltern. Die Sprache wird verwendet, ohne dabei bewusst auf Regeln zu achten. Die Sprachperformanz ist beim Erstspracherwerb nicht bewusst regelgeleitet. Anders als Schulkinder, Jugendliche und Erwachsene, sind Babys und Kleinkinder noch nicht in der Lage, über Sprache zu reflektieren.

Der Spracherwerb des Kindes ist für die meisten Eltern ein spannender und magischer Schritt. Kinder erlernen allein durch das Hören einer Sprache Wörter und grammatische Regelmäßigkeiten, ohne dass ihnen jemand erklärt, dass mit dem Wort „Hund“ der haarige Vierbeiner mit Schlappohren gemeint ist oder dass der Satz „Jetzt gibt es Essen“ bedeutet, dass es nun mit Brei gefüttert wird.

Das Erlernen der Erstsprache ist eine erstaunliche kognitive Leistung. Ein Kind erlernt allein durch das Hören der Sprache, welche Laute, Wörter und Regelmäßigkeiten relevant sind und imitiert diese schließlich. Bis dahin leistet das Kind viel sprachliche Arbeit, die nicht für jeden sofort ersichtlich ist. Nicht das erste gesprochene Wort ist der erste wichtige Meilenstein im Spracherwerb. Die kindliche Sprachentwicklung startet viel früher.

DER FRÜHKINDLICHE SPRACHERWERB – AUFGABEN DES KINDES

Der Erwerb jeder Sprache konfrontiert Kinder mit der Aufgabe, die spezifischen Besonderheiten der Zielsprache zu erlernen. Darunter zählen im Deutschen nicht nur die korrekte Kasusbildung und ähnliche grammatikalische Regeln. Auch bezüglich der Laute, Lautkombinationen, dem korrekten Sprachgebrauch und der Zuordnung eines Wortes zu seiner Bedeutung lernt das Kind innerhalb der ersten Lebensmonate und -jahre viele spracheigene Charakteristiken kennen.

PHONEMERWERB UND ERWERB DES PHONOLOGISCHEN SYSTEMS

Die deutsche Sprache verwendet 40 der über 100 Phoneme, die weltweit existieren. Bereits im Säuglingsalter lernen Kinder, welche Laute in der Zielsprache verwendet werden. Das Kind fokussiert sich auf die zielsprachlichen Phoneme. Das führt dazu, dass Phoneme, die nicht in der Erstsprache vorkommen, später im Rahmen eines Fremdspracherwerbs nur schwer erlernt werden können.

Im Rahmen des Phonemerwerbs lernt das Kind, Laute richtig zu unterscheiden, zu verstehen und zu produzieren.

ERWERB DER LAUTLICHEN REALISATION

Die Realisierung eines Lautes kann stark variieren. Sie hängt vom Sprecher und der Lautkombination ab. Verschiedene Sprecher unterscheiden sich zumindest minimal in ihrer Stimmlage, ihrer Artikulation und ihrem Sprechtempo. Je nach Position im Wort und in Kombination mit unterschiedlichen Lauten kann die Aussprache eines Lautes ebenfalls abweichen. Weitere Faktoren können zu abweichenden akustischen Ausprägungen führen.

Das Kind muss erlernen, wie variierend ein Laut sein kann, damit er von anderen als der Ziellaut wahrgenommen wird.

PHONOTAKTIKERWERB

Die Phonotaktik ist die Lehre der möglichen Kombination von Lauten zu Silben und Wörtern. Sie beschreibt die Möglichkeiten der Lautkombination. Die Phonotaktik einer Sprache gibt an, welche Laute und wenn nötig, in welcher Reihenfolge sie miteinander kombiniert werden können. Die Lautkombinationen /dp/ und /pd/ können zum Beispiel nie direkt hintereinander in einer Silbe auftreten. Dazwischen muss ein Vokal stehen. Sonst kann das Wort im Deutschen nicht ausgesprochen werden.

Zudem können manche Lautkombinationen zwar zusammen und in verschiedenen Abfolgen vorkommen, aber nie am Silbenanfang oder -ende. So kann im Deutschen /lf/ am Silbenende, nie jedoch am Silbenanfang stehen.

In jeder Sprache gibt es andere phonotaktische Regeln.

LEXIKONERWERB

Das erste Wort ist der Meilenstein des kindlichen Spracherwerbs, dem die Eltern besonders entgegenfiebern. Das Kind lernt Wörter und ordnet ihnen eine Bedeutung zu. Der wichtigste Faktor für einen schnellen Ausbau des Wortschatzes ist eine hohe Inputfrequenz. Also die Menge an Wörtern und Sätzen, die ein Kind im direkten Gespräch oder beim Zuhören von Gesprächen aufschnappt. Kinder müssen beispielsweise erlernen, dass nicht nur die eigene Katze „Katze" heißt. Die Bezeichnung „Katze" wird auf andere Katzen ausgeweitet. Umgekehrt heißt nicht jede andere Katze Flecki, wie die eigene Katze. Zudem lernen Kinder, Objekte in ihre Bestandteile zu zerlegen. Kinder lernen, dass Pfoten Bestandteil einer Katze sind, dass die Katze aber keine Pfote, und die Pfote keine Katze ist. Es lernt semantische Merkmale kennen. In den ersten zwei Lebensjahren erfolgt der Lexikonerwerb kontextgebunden. Ein Kind versteht ein Wort nur, wenn es handlungsunterstützt ausgesprochen wird. Es kann beispielsweise das Wort „spielen" nur verstehen, wenn es das Wort in Kombination mit der entsprechenden Handlung hört.

ERLERNEN FORMALER WORTEIGENSCHAFTEN

Wörter fügen sich auf verschiedene Arten in einen Satz ein. Es lernt, welches Wort in welcher Satzposition stehen kann und wie sich es durch Wortbeugung, auch Flexion genannt, anpasst. Die Wortbeugung setzt morphologisches Wissen voraus.

Kinder lernen, wie sich Wörter im Satz anpassen und verändern. Sie lernen, wie man Wörter flektiert. Die Flexionsregeln eines Wortes werden zum entsprechenden Lexikonbeitrag abgespeichert.

Wenn das Kind den Satz „Du isst Kartoffelbrei" hört, ohne das Wort „isst" zu kennen, kann es anhand der Wortposition und Flexion ableiten, dass es sich um ein Verb handeln muss.

SYNTAXERWERB

Die theoretisch unendlichen Möglichkeiten der Satzbildung sind durch die Satzstrukturen, die in einer Sprache mögliche sind, limitiert. Im Deutschen ist die Satzstellung im Vergleich zur englischen Sprache sehr variabel. So muss bei Aussagesätzen nicht zwingend das Subjekt am Satzanfang stehen. Dennoch gibt es Regeln, die eingehalten werden müssen, um einen korrekten Satz zu bilden. Diese Regeln muss das Kind lernen.

Zum Syntaxerwerb gehört nicht nur die aktive Verwendung syntaktischer Regeln beim Sprechen. Auch zum Verständnis eines Satzes muss das Kind über syntaktisches Wissen verfügen. Nur so kann es die Bedeutung eines Satzes verstehen.

PRAGMATIKERWERB

Der Erwerb pragmatischer Kompetenzen reicht bis ins Jugendalter hinein. Da die Pragmatik nicht nur das Verständnis des direkt Gesagten verlangt, ist der Pragmatikerwerb ein langandauernder und komplexer Prozess. Kinder und Jugendliche müssen zum Verständnis einer Aussage nonverbale Kommunikation, soziale Beziehungen und andere, der Sprache übergeordnete Kommunikationsparameter richtig deuten können.

Kinder verstehen erst etwa ab dem Grundschulalter Ironie. Ironische Witze sollten, wenn sie vom Kind verstanden werden sollen, bis dahin vermieden werden. Je älter Kinder werden, desto gekonnter lesen sie solche komplexen Kommunikationsstrategien. Eine Ausnahme stellen Kinder mit Autismus-Spektrum-Störung dar. Ihre pragmatischen Fähigkeiten sind oft bis ins Erwachsenenalter stärker beeinträchtigt als ihre syntaktischen und semantischen Fähigkeiten.

MEILENSTEINE DES SPRACHERWERBS

Für den kindlichen Spracherwerb sind die ersten drei Lebensjahre definierend. Die sogenannten Meilensteine des Spracherwerbs bieten eine Orientierungshilfe, wann ein Kind welchen sprachlichen Stand erreicht hat. Anhand der Meilensteine können Eltern oder pädagogisches Personal den Sprachstand eines Kindes einschätzen. Im Fall einer verzögerten Sprachentwicklung kann rechtzeitig eingegriffen werden.

6 MONATE

Zwischen der Geburt und dem 6. Monat produzieren Kinder erste Schrei-, Lall- und Gurrlaute. Sie testen ihre Stimme damit aus. Das Schreien dient dabei nicht nur dazu, die Eltern oder andere Personen über den eigenen Zustand zu informieren. Es unterstützt zudem die Erweiterung der Lungenkapazität.

Kinder in diesem Alter unterscheiden bereits die meisten Sprachlaute und rhythmisch unterschiedliche Sprachen. Sie passen die Vokalwahrnehmung auf die Zielsprache an. Vokale, die nicht in der Zielsprache vorkommen, werden als unwichtig erkannt und ausgeblendet. Sie erkennen ihren eigenen Namen.

12 MONATE

Mit 12 Monaten sind Kinder in der Lage, die Silben- und Betonungsmuster der Zielsprache zu erfassen und anhand dieser Wort- und Satzgrenzen zu erkennen. Kinder verstehen im Alter von 12 Monaten erste Wörter.

In diesem Alter wird zudem die Konsonantenwahrnehmung auf die Zielsprache angepasst. Genau wie bei den Vokalen werden in der Zielsprache nicht verwendete Konsonanten ausgeblendet.

Kinder beginnen zwischen dem 6. und dem 12. Monat mit dem sogenannten Babbeln. Der Rhythmus und die Betonung beim Babbeln ähneln dabei bereits der Zielsprache. Kurze erste Wörter produzieren sie auch bereits. Zu diesen ersten Wörtern zählen hinweisende Wörter wie „da" oder Lautmalereien wie „brummbrumm" für Auto.

18 MONATE

Die Unterscheidung einer inkorrekten von der korrekten Aussprache gelingt Kindern bereits mit 18 Monaten. In diesem Alter erkennen und verstehen Kinder erste syntaktische Muster.

Der Wortschatz umfasst etwa 50 Wörter. Diese sind meist nur ein- oder zweisilbige Nomen. Die Zeit zwischen dem 12. und dem 18. Monat ist die sogenannte Einwortphase. Äußerungen bestehen im Regelfall aus einem Wort.

24 MONATE

Zwischen dem 18. Monat und dem 2. Geburtstag beginnt der Vokabelspurt. In diesem Zeitraum wächst der Wortschatz enorm an. Er umfasst dann etwa 300 Wörter. Darunter sind nicht mehr nur Nomen, sondern auch Verben in ungebeugter Form und Adjektive. Unbetonte Silben werden meist ausgelassen. Zum 2. Geburtstag produzieren Kinder erste Zweiwortsätze.

36 MONATE

Bis zum Ende des dritten Lebensjahres wächst der Wortschatz weiterhin stark an. Darunter befinden sich nun auch Personal- und Possessivpronomen und Fragewörter. Kinder haben in dem Alter bereits die Verb-Zweitstellung im Satz erworben. Sie stellen bereits W-Fragen, wobei das Fragewort teilweise noch ausgelassen werden kann. Kinder produzieren in diesem Alter erste Nebensätze, bei denen die Nebensatz-einleitende Konjunktion noch ausgelassen werden kann. Zudem produzieren Sie erste Akkusativmarkierungen.

42 MONATE

Mit dreieinhalb Jahren produzieren Kinder Nebensätze mit der gebeugten Verbform und W-Fragen mit Fragewort. Einfache Konjunktionen tauchen im Sprachgebrauch nun öfter auf. Der bereits erworbene Akkusativ wird auch in Kontexten verwendet, die den Dativ verlangen. Diesen Mechanismus nennt man Übergeneralisierung. Er kann im kindlichen Spracherwerb oft beobachtet werden. Es bedeutet, dass Kinder die Regelmäßigkeit des Akkusativs verstanden haben und auf andere Kontexte anwenden. Für den Gebrauch des Dativs müssen jedoch wieder neue Regeln erkannt und gelernt werden. Der Erwerb des Dativs erfolgt teilweise erst im Schulalter.

LATE TALKER

Die Meilensteine des Spracherwerbs sind ein gutes Indiz zur Feststellung eines Late Talkers. Kinder, deren Wortschatz bis zum Ende des zweiten Lebensjahres weniger als 50 Wörter beträgt und/oder nicht in der Lage sind, Zweiwortsätze zu produzieren, in übrigen Entwicklungsbereichen jedoch altersgerecht entwickelt sind, werden als „Late Talker" (auf Deutsch: späte Sprecher) bezeichnet. Das frühe Erkennen eines Late Talkers ist entscheidend, um so zeitig wie möglich zu intervenieren. Zwei Drittel der Late Talker entwickeln eine Sprachentwicklungslösung. Ein Logopäde therapiert Sprachentwicklungsstörungen. Je früher die Therapie erfolgt, desto besser sind die Erfolgsaussichten der Therapie. Außerdem hat der behandelnde Logopäde dann genug Zeit, die Sprachentwicklungsstörung bis zum Schuleintritt zu behandeln. Bei der Vorsorgeuntersuchung U7 stellen Kinderärzte fest, ob ein Kind ein Late Talker ist.

Dennoch können Sie bis zum Ende des dritten Lebensjahres warten, bevor Sie Ihr Kind in logopädische Behandlung geben.

Etwa 20 Prozent der Kinder sind Late Talker. Etwa die Hälfte der Late Talker holt bis zum Ende des dritten Lebensjahres den sprachlichen Rückstand auf. Sie werden als „Late Bloomer" (auf Deutsch: Spätzünder) bezeichnet. Die übrigen 50 Prozent der Late Talker bilden eine Sprachentwicklungsstörung aus und können auch schulische Schwierigkeiten bekommen. Sie können Satzbau-, Textverständnis- und Kommunikationsstörungen oder eine Lese-Rechtschreib-Schwäche entwickeln.

Die Ursachen können nicht immer eindeutig geklärt werden. Eine genetische Ursache wird jedoch angenommen. Das elterliche Vorbild ist nicht schuld daran. Eltern können aber durch Kommunikation mit ihrem Kind und durch Animieren des Kindes zum Nachsprechen die sprachliche Entwicklung eines Late Talkers positiv beeinflussen.

BABYGERICHTETE SPRACHE

Sicher ist Ihnen im Kontakt mit Babys und Kleinkindern bereits aufgefallen, dass Ihre Sprechweise anders ist als im Gespräch mit älteren Kindern, Jugendlichen und Erwachsenen. Diese intuitive Veränderung Ihrer Stimme und Sprache ist natürlich. Die babygerichtete oder auch kindgerichtete Sprache verwenden nicht nur Personen im deutschen Sprachraum. Auch französisch-, italienisch-, japanisch- und englischsprachige Eltern reden in der babygerichteten Sprache mit ihrem Nachwuchs. Viele sprachwissenschaftliche Studienergebnisse deuten darauf hin, dass Babys gegenüber babygerichteter Sprache sensibler sind und diese präferieren. Die babygerichtete Sprache zeichnet sich durch fünf Charakteristika aus. Sie ist langsamer, besteht aus kürzeren Äußerungen und enthält viele Wiederholungen. Das erleichtert Babys und Kleinkindern die Aufnahme des Gesagten. Die babygerichtete Sprache ist sehr melodiös und höher als im Gespräch mit Älteren.

Verschiedene Studien weisen darauf hin, dass babygerichtete Sprache den Spracherwerb erleichtert. So soll die Segmentierung von Wörtern und das Erlernen dieser durch die spezielle Sprechweise erleichtert werden.

TYPISCHE SYMPTOME EINER SPRACHENTWICKLUNGSSTÖRUNG

Von einer Sprachentwicklungsstörung spricht man, wenn Kinder einen pathologischen (krankhaften) Sprachentwicklungsverlauf zeigen oder im Fall einer physiologischen (gesunden), aber stark verzögerten Sprachentwicklung. „Stark verzögert" meint eine Abweichung von mehr als sechs Monaten.

Kinder, die an einer Sprachentwicklungsstörung leiden, sollten logopädisch oder sprachtherapeutisch behandelt werden. Sprachförderung zu Hause oder im Kindergarten können dem vorbeugen oder therapiebegleitend durchgeführt werden. Dennoch sollten Sie im Kopf behalten, dass es keine Garantie dafür ist, ihr Kind vor einer Sprach- oder Sprechstörung zu bewahren und diese nicht ersetzt.

Folgende Symptome einer kindlichen Sprach- oder Sprechstörung treten am häufigsten auf:

PHONETISCHE STÖRUNGEN

Phonetische Störungen sind Störungen der Artikulation. Phonologische und phonetische Störungen können leicht verwechselt werden. Bei beiden Störungsbildern werden Wörter falsch ausgesprochen.

Phonetische Störungen gehören zu den Sprechstörungen. Kinder mit einer rein phonetischen Störung können den fehlgebildeten nicht oder nur fehlerhaft bilden. Der Laut kann weder einzeln noch im Wort korrekt gebildet werden. Sprachsystematisch können Sie den Laut jedoch korrekt verwenden. Häufig liegt eine Mischform, eine phonetisch-phonologische Störung, vor.

Die am häufigsten auftretende und geläufigste phonetische Störung ist der Sigmatismus interdentalis, auch als „Lispeln" bekannt.

PHONOLOGISCHE STÖRUNGEN

Phonologische Störungen zählen im Gegensatz zu phonetischen Störungen, zu den Sprachstörungen. Kinder mit einer phonologischen Störung können den kritischen Laut in einigen Kontexten und isoliert korrekt bilden. Sie können ihn jedoch nicht sprachsystematisch störungsfrei verwenden.

Ein typisches Beispiel für eine phonologische Störung ist die Ersetzung des Lautes [k] durch [t]. So wird die „Katze" gern zur „Tatze".

STÖRUNG DES WORTSCHATZERWERBS

Wortschatzstörungen fallen oft schon im Alter im von zwei Jahren auf. Late Talker, die mit zwei Jahren noch nicht mindestens 50 Wörter sprechen können, haben meist auch nach der „Wortschatzexplosion" Schwierigkeiten, einen ausdifferenzierten Wortschatz zu entwickeln.

Ein Indiz für Störung des Wortschatzerwerbs ist die häufige Verwendung unspezifischer Wörter. Kinder bezeichnen viele Gegenstände als „Dings" und Verben ersetzen sie oft durch das unspezifische Verb „machen".
Zudem fällt es Kindern mit einem gestörten Wortschatz schwer, Wörter den zugehörigen Oberbegriffen zuzuordnen. Beispielsweise haben sie dann Probleme, zu erkennen, dass eine Puppe, ein Teddybär und ein Ball zu dem Oberbegriff „Spielzeug" gehören.

Manche Kinder haben auch Wortfindungsstörungen und nähern sich dem Zielwort durch ähnlich klingende Wörter an.

GRAMMATISCHE STÖRUNGEN

Grammatische Störungen können sich auf die Morphologie (Wortstruktur) oder die Syntax (Satzstellung) beziehen.

Erste Anzeichen für eine Störung der Grammatik sind ausbleibende oder stark verzögerte Zweiwortäußerungen, die im Alter zwischen 18 und 24 Monaten erfolgen.

Kinder mit syntaktischen Störungen bilden keine Fragesätze, haben die Verbzweitstellung nicht erworben, bilden kurze, starre Satzstrukturen (Subjekt-Prädikat-Objekt) oder bilden im Alter von drei Jahren noch keine Nebensätze.

Morphologische Störungen äußern sich durch falsche Plural- oder Zeitformbildung, fehlerhafte Kasusbildung und -verwendung oder ausbleibende Anpassung des Verbs an das Subjekt.

BRAUCHT MEIN KIND LOGOPÄDIE?

Sprachstörungen werden meist im Rahmen von Vorsorgeuntersuchungen Ihres Kinderarztes festgestellt. Im Regelfall verschreibt er, falls notwendig, ein Rezept zur Logopädie. Erzieher schätzen oft gut ein, bei welchen Kindern sich Verzögerungen oder Störungen in der Sprachentwicklung abzeichnen.

Vermuten Sie bei Ihrem Kind eine Sprach- oder Sprechstörung, sollten Sie sich an Ihren Kinderarzt wenden. Er überweist Sie entweder zu einem Hals-Nasen-Ohren-Arzt oder Pädaudiologen oder verordnet selbst eine logopädische Behandlung.

Logopäden behandeln Kinder frühestens im Alter von zwei Jahren. Eine so zeitige Behandlung ist dennoch eher die Ausnahme. Ein zeitiger Behandlungsbeginn sorgt für schnelle Therapieerfolge. Dennoch sollten Sie im Hinterkopf behalten, dass Sprachtherapie gerade für kleine Kinder anstrengend und unter Umständen noch gar nicht nötig ist. Eine logopädische Behandlung ist in diesem Alter unter Umständen noch nicht nötig, da sich Verzögerungen und Störungen des Spracherwerbs noch verwachsen können.

QUELLEN

LIEDER

Meine Hände sind verschwunden
https://www.singkinderlieder.de/video/meine-haende-sind-verschwunden

Grün, grün, grün sind alle meine Kleider
https://www.singkinderlieder.de/video/gruen-gruen-gruen-sind-alle-meine-kleider

Ein Vogel wollte Hochzeit machen
https://www.kinder-lieder.com/ein_vogel_wollte_hochzeit_machen.html

Brüderchen, komm tanz mit mir
https://www.singkinderlieder.de/video/bruederchen-komm-tanz-mit-mir

FINGERSPIELE

Fingerzeigen
Dürr, G. & Stiefenhofer, M. (2020). Schöne alte Kinderspiele (9. Auflage, S. 120). München: Random House GmbH.

Himpelchen und Pimpelchen
Dürr, G. & Stiefenhofer, M. (2020). Schöne alte Kinderspiele (9. Auflage, S. 122). München: Random House GmbH.

Kommando Pimperle
Dürr, G. & Stiefenhofer, M. (2020). Schöne alte Kinderspiele (9. Auflage, S. 123). München: Random House GmbH.

REIME

https://wortwuchs.net/kinderreime

- Hoppe Hoppe Reiter
- Backe Backe Kuchen
- Morgens früh um sechs
- Messer Gabel Schere Licht

https://studyflix.de/deutsch/kinderreime-6345

- Das Huhn
- Punkt, Punkt, Komma, Strich
- Heile, heile Segen

https://www.kleinkind-online.de/reime/abzaehlreime.html
Mein Finger geht im Kreise

ZUNGENBRECHER

https://einfachreisenmitkind.de/zungenbrecher-fuer-kinder/

- Fischers Fritze
- Brautkleid bleibt Brautkleid...
- Der plappernde Kaplan

https://www.hallo-eltern.de/kind/zungenbrecher/

- Auf den sieben Robbenklippen...
- Der Flugplatzspatz
- Wer nichts weiß

https://die-lernlotsen.com/deutsche-zungenbrecher/

- Wer nichts weiß und weiß, dass er nichts weiß

IMPRESSUM

AUTOR WIRD VERTRETEN DURCH
SanApta Verlag
Moritz Noder
Bliggergasse 5
69239 Neckarsteinach

COVERGESTALTUNG & LAYOUT Denise Gahn
KONTAKT denisegahn@gmx.de · denisegahn.com

JAHR DER VERÖFFENTLICHUNG 2024

ISBN TASCHENBUCH 978-3-9824292-4-3

DRUCK Libri Plureos GmbH, Friedensallee 273, 22763 Hamburg

SIE HABEN FRAGEN, KRITIK ODER ANREGUNGEN?

Senden Sie uns gerne Ihr Feedback an
INFO@DAS-SCHLAUEBUCH.DE

Nur so können wir uns und unser Buch stetig weiterentwickeln.

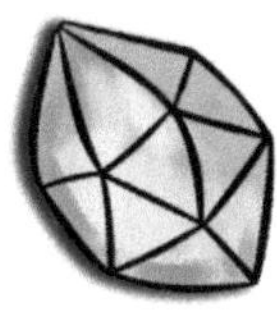

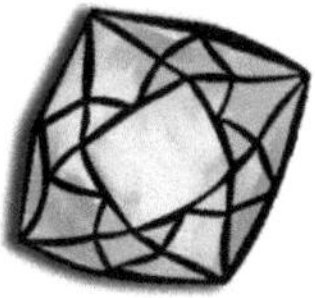

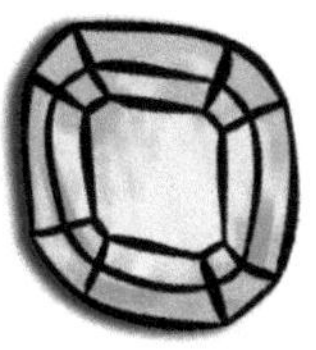